# 50代から やりたいこと、やめたこと

変わりゆく自分を楽しむ

金子由紀子

青春出版社

# はじめに――女の人生、おばさんになってからが長い

最近、テレビで英国のエリザベス二世女王陛下のお姿を見ました。

1926年生まれの陛下は今、90代のはず。以前より小さくなられたようにも見えますが、とても若々しくお元気です。

「この方、私が子供の頃、すでにおばさん（失礼）だったな～。いつの間におばあさんになったんだろう？」

そう考えると、「おばさん」の期間って相当長いのかもしれない。

女性が「お嬢さん（お姉さん）」と呼ばれてちやほやされるのは、だいたい15歳から35歳くらいまで。35歳から40歳は微妙な時期ですが、40歳にもなると、

「私もうおばさんだからさ！」

などと自分から言うようになります。この頃はまだ本人はシャレのつもりですが、40代も2年、3年と経つうちに、次第におばさんになじんでいき、45歳にもなると、自他ともに認めるおばさんが完成します。

日本女性の平均寿命は延びる一方で、今や87歳を超え、90歳に手が届く勢いです。70歳を古希と呼ぶのは「古来稀《まれ》な長寿」に由来しますが、最近は70代で亡くなると、「まだまだお若いのに……」と驚かれることがあるほど。

60代などは明らかに若々しく華やかで、とても「おばあさん」と呼べる雰囲気ではありません。

となると、後期高齢者と言われる75歳までは、「おばさん」でよさそうです。

ここで、15〜35（40）歳まではお嬢さん、35（40）〜75歳までがおばさんと仮定すると、女性のおばさん期間は最大40年間にもおよび、お嬢さん期間の軽く二倍に達することになります（いつからをおばさんとするかは任意）。

齢《よわい》54歳のおばさんまっただ中の私としても、この長い「おばさん期間」をいかにして有効活用し、楽しむかは、人生を左右する大きな課題だと思っているのです。

### ・50代のプレリュード「更年期」

私の場合、長いおばさん期間の最初の頃、40代前半は忙しくも充実していました。

タイヘンなこともあったけれど、子育てに仕事にやりがいを感じて取り組み、とても楽しい年代でした。

ずっと付き合いのある学生時代の友人たちも、ひとりはシングル、ひとりは早くに未亡人となりましたが、仕事や趣味に忙しく、それぞれの場所で活躍していましたから、おそらく私と同じような充実した気持ちで40代を過ごしていたのではないかと思います。

この楽しい気分のまま50代に突入するのかと思いきや、現れた思わぬ伏兵が、噂に聞いてはいた更年期症状でした。どこも痛くないし、苦しいわけでもありません。でも、なんだかだるくてやる気が出なくて、特に午前中がしんどいのです。


今思えば、その幕開けは、ちょうど東日本大震災の頃、46歳のときでした。

日本中を震撼《しんかん》させた未曽有の天災。

被災者の方々を思えば、暗くなってはいけない、元気を出さなければいけないと、気を引き立たせようと努めていましたが、震災から半年くらい経った頃から、なんとも言えない不調を感じるようになりました。

仕事への意欲や効率も悪化しました。以前のスピードで原稿が書けないのです。1

日の仕事量は、以前の半分以下になってしまいました。家族は元気だし、周囲との関係も良好なのに、理由もなく気分が落ち込み、ふと気がつくとなぜか「死」についてばかり考えています。

そして気持ちが悪かったことには、少し気温の高い日には、どういうわけか手の甲にだけ、じわーっと汗をかくのです。気持ちが悪いので、「冷えピタ」を半分に切って貼るのですが、しばらくするとその周囲が熱で乾いてめくれてきます。

そんな期間が3年くらい続き、これは更年期かな？　と、ようやく思い当たりました。確かに、判で押したように正確だった生理が、時々来なかったり、期間が短くなったりしています。もうじき50歳だし、これはもう更年期障害に違いない！　婦人科で診てもらおう！

出産以来、久しぶりに訪れた婦人科の医師は、30代くらいの若い男性でした。診察室で問診の後、

「これが更年期なんでしょうか？」

と尋ねると、彼はこちらの顔も見ず、

「更年期っていう感じでもないけどねー？　どっちかっていうと、精神科の範疇《はんちゅう》の気

がするなー」

と、サラッと答えました。

この返事に、私はなぜかカーッとなってしまったのです。


そりゃ、どこも痛くないけどさ⁉

でも、こっちはつらいんだよ⁉　精神科⁉

君みたいな若い、しかも男にサラッと言われたくないよ！


「副作用の少ない漢方を出すので、それで様子を見ましょう。検査（ついでに癌《がん》検診も受けた）の結果は来週出ますから、また来てください」

礼を言って診察室を出たものの、頭に血がのぼっていた私は、

「もうこんな病院、来ない！」

と、肩を震わせてそのまま帰宅し、本当に二度と行きませんでした。

後から思えば、婦人科受診時の私の心の反応は、かなり感情的でした。医師の見立

てはある程度正しかったのかもしれません。更年期症状が皆無とは言い切れないけれど、この頃の私の気持ちの落ち込みは、震災をきっかけにした軽い鬱《うつ》症状だったのかもしれないと、今振り返って思っています。

でも、当時の私は、原因不明の落ち込みや不調に、何か理由が欲しかったのです。内側にため込む性格のため、周囲に理解してもらえず、孤独感に陥っていたその気持ちを、誰かにわかってほしかったのだと思います。

私の症状が更年期によるものだったか、鬱症状だったのかは、結局精神科を受診しなかったためわからないままです。

更年期といえば、ホットフラッシュやヒステリックな言動など、わかりやすい症状ばかり挙げられますが、実際は私のようなはっきりしない症状に悩む人が少なくないのではないでしょうか。

**・産んだ人も、産まなかった人も**

ただ、あのときのモヤモヤ、イライラした気持ちは何かに似ている……とずっと思っていて、最近になってわかりました。

あれはまさに、思春期の自分の感情とそっくりだったのです。

心と身体が大きく変化し、進路や将来に悩む中高生の自分と、すっかりおばさんとなり、自分の場所にどっかり座った心の中に渦巻く感情が、あんなにも似ていたことは不思議で仕方ありません。

初潮と閉経というのは、月経という一つの現象の最初と最後です。

月経のエネルギーというのは、もしかしたら、私たちが思っているよりもはるかに膨大な、理性で制御するのがむずかしいほどのパワーなのではないでしょうか。

よく、眠くてぐずる子供が、顔を真っ赤にして泣き叫んだり、暴れたりするのを見ます。眠りたいのに、自分の意志で眠れなくて、つらいのです。大人は、

「眠いなら寝ればいいじゃん」

と途方に暮れるのですが、閉経も（初潮も）同じなのかもしれません。

人間が人間を生み出す機能が、ギリギリとその蓋を閉じようとしているのです。

「終わるなら黙って終わればいいじゃん」

というわけにはいかないのでしょう。産んだ人も、産まなかった人も、こんな大きな力と長い間、よく付き合ってきた！　お疲れ様でした！　と言ってあげたい。

結局私はこの後2年ほど経った52歳で閉経しましたが、それをもってある日突然、

「今日で更年期終わり！」

となったわけではありません。今度は、お赤飯もありません。

うすぼんやりと始まり、うすぼんやりと終わった更年期の中で、私の50代はスタートしたのでした――。

50代から
やりたいこと、
やめたこと

変わりゆく自分を楽しむ

# もくじ

## 第1章　心と身体、変わっていく50代
～「ぽっかり」の満たし方～

# 第2章 50代からは「食」が大事

# 第3章 暮らしとファッションのうつりかわり

# 第4章 50代からの人付き合い

## 第5章 これからの人生
### ～「私の生きた証」って？～

本文デザイン　後藤美奈子
イラストレーション　江夏潤一
DTP　センターメディア

# 第1章

# 心と身体、
# 変わっていく50代

## ～「ぽっかり」の満たし方～

## 50代に出現する心の「ぽっかり」

丈夫で体力があって、少ない睡眠時間でも頑張れる。好奇心旺盛で、いろいろなことにチャレンジしたい！　40代の私は、そんなセルフイメージを持っていました。

ところが、50代の始まった頃には、それまでのように頑張れなくなってきた自分に、気持ちの落ち込む日が増えていました。

さらには、心の中にあいた小さな穴を感じ始めました。

相変わらず、やることはたくさんあって忙しいといえば忙しいのですが、なんだかいつも胸の奥を、すーーっと風が吹き抜けているようなのです。


これは何なんだろうなあ。

二人の子供たちは大学生と中学生。気がつけば私の背を追い越しています。何をするにも私のサポートが必要だった時期は終わり、進路の決断も、進学の手続きも、どんどん自分で進めていきます。

もう、私の力は必要ありません。彼らの人生は彼らのものになっていき、親の出番はほとんどなくなってきました。

造形教室の手伝いだ、サッカーの付き添いだ、と大騒ぎをしていた頃は、とにかく時間がなくてタイヘンな時期でした。あのドタバタの時期から見れば、50代は優雅なものです。朝になって、

「体操着が乾いてない！」

なんて泣きつかれることもなければ、ＰＴＡの役員仕事もない。朝、お弁当を作ってやるくらいなもので、時間のゆとりもできました。

「子供が大きくなったからなのかなー。なんか最近、つまんないんだよね」

子供のいる友達と話すと、皆一様に同じようなことを感じています。

「私も！　あんなに朝から晩までドッタンバッタン、家じゅうひっくり返すような大騒ぎだったのに、ある日突然、誰もしゃべらなくなったんだよ……」（男子三人の母）

「家が狭いからって増築したのに、今じゃ誰も帰ってこない。もう減築しようかなと

思って」（女子三人の母）

「ダンナはずーっと単身赴任、子供は独立。私の最大の仕事は、犬の散歩かな」（男女三人の母）

みんなそうなんだ。子育てに注いでいたエネルギー、すごかったんだねえ。これは、子供が巣立つ前後に感じるという「空《から》の巣症候群」なのかしら。

ところが、子供のない友達と話したら、少し違うけれど、似たような返事が返ってきました。

「仕事一筋に生きてきて、ある程度結果も出して充実している。でも、この先の人生、何があるのかなって思うようになって……」

「自由に生きてきて、好きなことをやって、旅もして、楽しかった。でも今、〝私の人生、これだけ？〟って、ちょっとむなしくなっちゃって……」

子供がいてもいなくても、仕事があってもなくても、更年期の症状を自覚していなくても、みんな今頃、心にぽっかり穴があく時期なのでしょうか。更年期はもしかしたら、女性の心と身体にとって、ゆるやかな地殻変動のようなものかもしれません。

そしてちょうどその時期に、人生の何度目かの転機を迎えるのです。

子供がいる人なら、子供の自立、独立。仕事を頑張ってきた人であれば、やってきた仕事や事業が形になったり、役職に就いたり、後進に道を譲る局面もあるでしょう。

この頃、祖父母や両親といった身近な人を送る場面も出てきます。中には、同世代の友人知人の早逝に立ち会う人もいるかもしれません。

そんな50代には、今までの人生を振り返り、これから行く道をはるかに眺める、楽譜なら長めの休符のような時期があるのではないでしょうか。

心と身体の変化と、ライフスタイルの変化。これまでの延長に思えていた人生に、突然「ぽっかり」穴があいたように感じられるのは、そのせいなのだと思えます。

階段の踊り場のような、心の中の「ぽっかり」。それは意外に大きな隙間で、無視することができません。

この「ぽっかり」を埋めながら、私たちは50代の階段を上っていかなければならないのです。

## 「ぽっかり」を何で埋める？

50代に突然現れる「ぽっかり」。

「そんなの、仕事をしていれば関係ない」と思っていました。よく聞く「空の巣症候群」は、ゆとりのある女性が、時間を持て余すためになるのだと。

ところが、実際50代になってみると、必ずしもそうとも言えないのです。仕事を持っていても、やっぱり感じるのです。この空洞は思いのほか大きくて、いくら忙しくても、仕事だけでは埋まらない。

さらに言えば、50代にできる「ぽっかり」を「仕事」で埋めようとしても、「空洞の形」と「仕事の形」が違うらしく、しっくりはまらないのです。

子供が育って手を離れた人の「ぽっかり」は、ことさら大きいようです。私も覚えています。私やきょうだいが就職したり結婚してからの母が、びっくりするほど大量の花を庭に植え、庭は四季を通じて豪華な花園になっていたことを。私たちがいる頃は、庭の手入れなんかする暇もなく忙しくしていたものですが……。

これは私の実家だけでなく、夫の実家や、友人の実家でも見られた現象です。園芸ではなく、犬を飼い始めるなどペットに愛情を注ぐ母もいました。当時の母たちは、園芸やペットにそのエネルギーを注ぐことで「ぽっかり」を埋めていたのかもしれません。どちらも、生きているものなので、子供の代わりの愛情の対象としやすいのでしょうか。

自分自身が50代に近づくにしたがって、周囲で増えていったのは、演劇や歌舞伎、ミュージカルなど、舞台芸術に惹かれてゆく仲間たちでした。突然アイドルにハマる人もいます。母の世代と違い、ひとりでどこにでも出かけやすく、自由になるお金も比較的豊富なためかもしれません。

同い年のシングルの友達は、猛烈に忙しい仕事に打ち込んできましたが、50代になって昇進し、家も買ったところで、突然の大病に見舞われました。幸い治療がうまくいき、すぐに回復しましたが、一時期は精神的につらい日々を過ごしたかと思います。

それを支えてくれたのが、あるバンドの音楽でした。それまで忙しすぎて、何かにのめり込むことのなかった彼女が、今では若い子にまじってアリーナで踊り、各地のツアーに参戦し、通勤時はイヤホンでずっと彼らの曲を聴いているそうです。そのバンドの魅力を語るときの、彼女の生き生きとした表情を見ると、

「出会えてよかったね！」

と思わずにはいられません。

私はといえば、映画も音楽も演劇も好きでしたが、彼女のように何かに「ハマる」ことはありませんでした。なんでも平均的に楽しむものの、のめり込むほどの対象は現れず、「ぽっかり」は埋まらないまま。

あと数年で、子供たちも家を出ていくでしょう。そのとき、私には何も残らないかもしれない。私の人生、意外とつまらなかったのかな……。

「ぽっかり」を持て余し、埋めるものも見つからないでいたある日、長年の友人たちからお誘いを受けました。

「私たちもいよいよ50歳！　記念に、富士山に登りませんか？」

エッ、富士山？　あなたたち、昔からスポーツ嫌いの文化系だったじゃないの。

「なんでそんなこと思いついたの」

「だってさ、富士山だよ？　日本一の山だよ？　日本人なら一度は登ってみたいじゃな〜い？　今、登らなかったら、きっと一生登れないよ？」

以前から、登山の好きな人たちに、

「富士山なんて、高いというだけで何も面白くないよ」

と聞かされていたこともあり、正直、気乗りがしませんでしたが、二人のキラキラした瞳に説得され、ついていくことにしました。

初めての富士山は、雨模様の五合目からスタートしました。駐車場周辺がすでにガスに巻かれ、頂上は雲で見えません。

意気込んで歩き始めたものの、突風が時折、顔に礫《つぶて》を叩きつけます。

「イタっ!!」

目や口に入った砂を手の甲でぬぐいながら、次第に強くなる雨と傾斜に立ち向かいます。もうすでに疲れてきました。

七合目ともなると、酸素濃度も下がってきます。肩で息をしては立ち止まり、やまない雨の中、濡れネズミの私たちは思わず笑ってしまいました。

「……私たち、こんなとこで何やってんだろうね」

この30年、いろいろなことがあった私たちです。

家族の病気や別れ、仕事の行き詰まりや悩み、大きな転換。どうしてあげることもできないお互いの苦しみも、遠くで見守り、ときにはそばにいて、分かち合ってきたなあ。雨具のフードから伝ってくる雨をぬぐいながら、急にそんな思い出がよみがえってきました。

靴も手も泥だらけ、雫をボタボタ垂らしながら、やっとの思いでたどり着いた山小屋で一夜を過ごした翌朝、雨はすっかり上がっていました。

寒さにこごえつつ八合目手前で見るご来光は、この世のものとは思えないほど素晴らしいものでした。夜来の風がかきわけた雲が、深い青から紫に、やがてバラ色に変わってゆきます。

その間から差し込む幾筋もの金色の光の神々しさ。人間の存在しない太古から、この景色は変わらなかったんだろう――。人の住む地上は、はるかに青く霞《かす》んで見えません。

「きれいだねえ……」

お互いの顔は見ずに、私たちは誰に言うともなくつぶやいていました。

このときは、強風のため登頂はあきらめ、下山しましたが、その翌年、リベンジしてついに登頂！　山頂で息を切らしながら、三人で手を取り合って喜び、こう言い合いました。

「やった!!　私たち、まだまだイケるよね⁉」

人生の後半戦にさしかかり、減っていく「未来」。もう、できることはあまり残っていないのだろうか。このまま、再び何かに熱い気持ちを持つことなく、老いていくだけなのだろうか。

言語化されていなかった、そんな漠然とした不安やあきらめが、私の「ぽっかり」の正体だったのかもしれません。

でも今、こうして、自分の脚で３７７６ｍの地点に立つことができた。まだまだ、できることがあるし、できる力も残っている。富士山は、私たちにそんなことを感じさせてくれました。

## 心にひっかかることは、今、やっておこう

50歳で富士登山を経験して、あらためて思うところがありました。

富士山登頂を果たしてから、同行した友人たちと会うたびに、「あのとき」の話が出ます。

友人のひとりの家に遊びに行ったら、彼女はすっかり富士山にハマッていて「富士山」と名のつくテレビ番組をことごとく録画しておき、私たちに見せてくれました。

「あー、そうそう、こんな風に見えた。きれいだったよねー」

「ほんっとにキツかったよね！　空気が薄くてさー……」

と、三人で懐かしがって富士山の映像を見るのはとても楽しいものでした。

そして二人が何度も口にしたのが、

「本当に、あのとき登っておいてよかった。これからじゃ、登れないかもしれないもん」

という言葉でした。

確かに、50代といえば、大きな病気が表面化したり、体力に衰えが出てきても不思議ではない年代です。事実、同年代の仲間には、もう登山など無理になってしまっている人たちがいます。いつまでも、これまで通りではないのです。

そう思うと、

「富士山だけじゃない。『いつかやろう』と思っていて、まだできていないことがいくつあるだろう。これから先、できなくなってしまうことだってきっとあるはずだ。今のうちにリストアップして、実現していかなくちゃ！」

という気持ちがこみあげてきました。

それまで、「やりたいこと」は、いつも手帳の隅に書き連ねてきました。「今年中にやりたいこと」「子供が○歳になったらやりたいこと」「10年以内にやりたいこと」など。それらを考えるのはとても楽しく、手帳に書き留めておいたことで、実現したことはたくさんあります。

一方で、何年も「来年こそ」「いつか必ず」と思いながら、果たせていないものがいくつもあります。

それらを一列に並べ、眺めてみると、明らかに早くとりかからないといけないものがあることに気づきました。

それは、

「**体力が必要なこと**」。

私は、運動能力は低いものの、比較的体力に恵まれている方です。しかし、いつまでも今と同じ体力が続くわけではありません。まだ健康で筋力もある今しかできないことは、今、やっておかなければならないのだと実感しました。

また、今は健康で自立していてくれる親たちも、これから健康を損なうようなことがあれば、私たちの代が助けなくてはならず、自分のやりたいことを優先できるとは限りません。やりたいことができるかどうかは、自分の健康のみならず、親たちの健康もかかわってくることに気づきました。

40代後半からレッスンを受けているジャズコーラスは、もう少し年をとってからもできるでしょう。手芸や読書なら、家でひとりでもできます。

急ぎやっておくこととしては、体力が必要なもののほかに、

**・遠出を要するもの**
**・知識や道具、お金が必要なもの**

が優先順位の上位に来ることがわかりました。

年をとれば、外出ひとつとってもおっくうになりがちなのは、親たちを見ていてもわかります。現役を引退して、収入がなくなれば、年金や貯蓄の範囲でできることは、どうしても少なくなってしまいます。

こうして私はしばし、

「一生のうちにやっておきたいことのうち、早めにやっておくべきこと」をピックアップすることに熱中しだしたのでした。

## 「一生のうちにやっておきたいこと」の整理

**1.**「いつかやりたい」と思っていてまだできていないこと、一生のうちにやっておきたいことを列挙する

**2.** 優先順位の高いもの（体力が必要なこと、遠出を要するもの、知識、道具、お金が必要なものなど）に印をつける

（例）

○富士山登頂
・自力で家具を作る
・キルトでベッドカバーを仕上げる
・自分のホームページを作る
○アフリカのサバンナで野生動物を見る
○実家まで車（自転車）で行く
・理想の庭を作る
○外洋客船クルーズの旅
○四国お遍路旅
・自伝（母、父の伝記）を書く
○フルマラソンに出場する
○移住（海外、国内）する
・自分の研究を論文にまとめる
○映画を撮る
○ミュージカルの舞台を踏む
・憧れのスターに会う
・あの人に再会する
○気がかりなあのことを解決する
・挙げていなかった結婚式を挙げる
・今までの写真やアルバムを編集してまとめる
・今までの手紙を編集してまとめる
・家系図を作る
○楽器を始める
○農業を始める
○狩猟を始める
○陶芸を始める
○機織りを始める
○ダンスを始める
○夫と車中泊旅行をする
○親を孝行旅行に連れていく
・ペットを飼う
・梅干し（味噌）を作る
・手持ちの服を整理する
・手持ちの本を整理する
○全都道府県踏破
・習い事でお免状をとる

# 50代の優先順位

## ～意外とできたアウトドア

私が30代後半の頃、下の子（男）が成長するにつれ、野外に連れ出すことが増えてきました。ハイキングや海水浴、旅行先も、都会よりは自然が豊かな場所へ。あまり丈夫でなかった上の子（女）のときは避けていたアウトドアを、元気な下の子にはたくさん体験させてやろうという、半ば義務感だったかもしれません。

ところがそのうち、子供を連れて野外に出ると、いちばん楽しんでいるのは、ほかならぬ自分であることに気がつきました。

緑がいっぱいの森の中や水辺にいると、前日まで忙しくて疲れていたはずなのに、不思議と元気が湧いてくるのです。海も山も、野外というのは体力を消耗するだけだと思っていたのですが、実際は逆でした。私は、自然の中にいる方がエネルギーを補充できる性質だったのです。アウトドア経験が少ないために、それに気づいていない私のような女性は、意外に多いのではないでしょうか。

考えてみれば私が生まれ育ったのは北関東の農村部。草木の名前には詳しいし、虫もへっちゃら。実は、野外の活動には向いていたのです。

女性の場合、早くから自覚していない限り、付き合う男性や結婚相手によっては、自分がアウトドア志向であることに気がつかないのかもしれません。

我が家の場合も、夫の趣味はピアノに囲碁とインドア派。子供がいなかったら、私は一生自分の本質に気がつかなかったでしょう。

それからというもの、私は子供をダシにして、アウトドアを楽しむようになりました。自然農法の水田の草取りをやらせてもらったり、秘境と言われる入江でシュノーケリングをしたり、北海道の雪山をスノーシューで登ったり。どれも、インドア派を自認していたときには思いもしなかった体験です。

この頃、自然の中で子供たちと思い切り楽しむことができたのは、本当によかったと思っています。

しかし、そのうち子供も大きくなって付き合ってくれなくなると、私は再び、アウトドアへのきっかけを失ってしまいました。海、山、キャンプ。もともと野外活動を楽しんできた人なら、女性ひとりでもできなくはないでしょうが、私にはそんな素地もありません。

アウトドアが苦手な夫を、子供も行かないのに付き合わせるのも悪いし（私が楽しくないし）、どうしたらいいものか。

「体力のあるうちに、もっと海や山で遊びたい！」

と思ってはいたものの、

「でも、この年になって、おばさんがひとりでアウトドアとか、バカみたいだよね……」

そうやって、自分の本当の気持ちにフタをしているうちに、50歳を迎えてしまったのでした。

しかし、富士登山をきっかけに、

「体力と気力のある今のうちに、やりたいことをやっておく」

と決めた私が、優先順位の上位に選んだのは、アウトドアでした。

その中でも、やろうと決めたのは、以下の通り。

1　キャンプと焚《た》き火

2　自転車ツーリング

3　サーフィン

どれも、50代のおばさんがひとりでやろうとするには、少々ワイルドですし、経験もありません。

でも、やりたいんだから仕方がない。まだ、今ならできるはず。これを、私の50代の挑戦にしよう。

このときはまだ気づいていませんでしたが、「自然の中で過ごす」ことが、私にとっていちばんの「ぽっかり」の埋め方だったようです。

必ずしも成功しなくても、カッコよくできなくても、何もせず、

「あのとき、やっておけばよかった」

などと後悔するのだけはやめよう。

そう思って、一つひとつ、地味に実現していった経過を以下に記しておきます。

## *キャンプと焚き火の魅力

今、住んでいるのは普通の住宅街の集合住宅。自宅専用の庭もなければ、近くに自然要素もあまりない、人工物に囲まれた環境です。たまには自然の中で過ごし、のんびりしたい。お外ごはんも楽しみたい。でも、子供が育った今、キャンプに行きたがるような友達は、私には皆無でした。

「一緒にやる人がいない」

というのは、新しいことに挑戦するときの強いブレーキになるものです。

「キャンプがしたい」という私の意欲も、その一点でなかなか実現しませんでした。

一部でソロキャンプが流行り始めていましたが、そこまでの度胸はなく（暗闇の中、ひとりでトイレに行くのが怖い）、いろいろな友達に声をかけてみました。

「ねえ、キャンプしない？」

ところが、見事に人が集まりません。

「虫が嫌い」

「暑い」

「寒い」

「ホテルに泊まってレストランでごはん食べようよ」

そもそも、女性でアウトドアが好きな人が少ない上に、子供も育った50歳前後でまたキャンプをやりたいなどという物好き、かつ日程・時間の都合が合う人となると、まず見つかりません。

いや、見つからないことはなかったのですが、どういうわけかキャンプ場の予約をとった日に限って、大雨や寒波に当たってしまうのです。過去、周到に計画を立てたキャンプが、直前になって二度も挫折した経験があります。

しかし、その後もアウトドアに関する本や雑誌を読んだり、webのアウトドアサイトを眺めて情報収集をしたり、しつこくチャンスを窺い続けました。並行して、女性だけのバーベキューパーティーをしてみたり、ご近所ママと野外燻製《くんせい》パーティーをしたり、デイキャンプ形式で少しずつ外遊びに自分を慣らしていきました。

同時に、要らなくなったテントや寝袋をもらい受けたり、アウトドアショップの処分品でキャンプ小物を手に入れるなど、用具も揃ってきました。

そしてついに、キャンプに付き合ってくれる友達が現れました。10月と肌寒い季節だったので、テント泊はあきらめてコテージ泊にしたところ、なんと照明付き、エアコン付き。若干興ざめしましたが仕方ありません。

それでも、コテージの前で焚き火をしたり、バーベキューをしたり、家ではできない燻製に挑戦したり、ハンモックから星空を眺めたりと、やりたかったことを全部詰め込んで実現することができました。ここでようやく、自力キャンプにこぎつけたのです。

キャンプというのは、旅の拡大版で、生活をそっくり野外に移動させ、再構成する遊びです。人によっては無意味に感じるかもしれませんが、いつも使っている便利な道具なしに、いつも暮らしている快適な住居から離れて、食べ、片づけ、眠ることで、普段見えていないものが見えてきたり、本当に重要なものが何かわかることに、大きな意味があるのだと気づきます。

アウトドア好きのグループに混ぜてもらえば手っ取り早くキャンプが楽しめたでしょうが、それはしたくありませんでした。要領が悪くても不器用でも、自分で考え、自分でやらないと楽しくありません。

特に、男性のいるグループに参加してしまうと、テントの設営や火おこしのような重要な部分は、男性がやってくれてしまいがちですが、そこはいちばん楽しい部分なのです。私はなるべく、女性だけでやろうと決めていました。

最近では、女性十人（全員、40～50代）での焚き火キャンプを実現させました。薪は、郷里に持っている山林（第5章参照）から持ってきたものです。

焚き火には不思議な魅力があります。ちらちら燃える焚き火を見守り、火を絶やさないように薪をくべていると、なんとも言えないおだやかな気持ちになるのです。ほんものの火の持つ力なのかもしれません。

初対面の人たちもいましたが、すぐに打ち解け、それぞれが持ち寄った食品を火にかざしてあぶったり、アルミホイルにくるんで焚き火の中に埋めて蒸し焼きにしたりして食べるのは楽しいものでした。

今回わかったのは、女性も焚き火が大好きだということ。ほとんどの人から、

「またやりましょう！」

と言ってもらえました。梅雨前で虫がいなかったこと、おいしいものがたくさんあったことが勝因かもしれません。キャンプも、火を扱う経験も、楽しいだけでなく、災害対策にもなります。次はまた秋にやる予定です。

## *自転車ツーリングの特別な達成感

大学に入学した上の子が、学内の自転車旅のサークルに入り、ロードバイク（スピードの出るスポーツ自転車）に乗り始めました。

ロードバイクは軽くて、速くて、どこにでも行けそう。ガソリンも車検も要らず、風のように自由です。すっかりうらやましくなった私、ひそかに、

「私も自転車に乗る！　それで海、それも外房海岸に行く！」

という目標を立てました。

といっても、我が家にあるのは丈夫だけど重～い「ママチャリ」だけ。しかも、ママの私ではなく、息子のサッカー練習通い用でした。

かっこいい自転車が欲しいのは山々ですが、私の信条は、

「何か欲しくなったときは必ず、今あるもので試してから。せっかく買ったのに、宝の持ち腐れになったら困る！」。

まずは、往復50㎞の沼まで、今あるママチャリで行って帰ってこられたら、自分用の自転車を買うことにしよう。でも、そんな体力まだあるかしら。

案に相違して、私の体力はまだまだ捨てたものではありませんでした。自分を試す

ため、近場のルートを使って、走行にチャレンジ。なだらかな丘陵地を一日50㎞走破しても、翌日の筋肉痛もなく、目標達成。私は意気軒昂と自転車店へ向かいました。

しかし、娘に聞いたところ、数十万円はするロードバイクは、盗難が頻発するため、自転車乗りたちは、出かけた先で自転車から目が離せないとか。意外に自由じゃない……。

そこで、スピードは出ないけど、手ごろで、修理がしやすい、折りたたみの小径車にしました。価格は5万円程度で、これなら、万一盗難に遭ってもあきらめのつく金額です。

何しろ軽いし、折りたためば小型車にも積めるし、専用バッグに入れれば電車にも乗って輪行も可能です。おばさんは現実的でなければなりません。

その日から、自転車は大活躍です！　買って数日後には、実家への帰省に、人生初の輪行を決行。近場のサイクリングロードも走りましたし、旧街道の野仏を全部撮影する旅を敢行したり、自転車のおかげで、クルマでは不可能な、小さな楽しい旅がたくさんできました。

そして最近ついに、かねて計画していた外房の九十九里海岸にこの自転車で行くことに成功しました。よく晴れた気持ちのいい秋の日です。東京湾岸地域の自宅から、距離にして50㎞、何度も地図でルートを考え、高低差や交通量から、5時間以内の到着を想定して出発したのですが、実際は何度も道に迷い、5時間を少しオーバーしてしまいました。

地図で決めていた場所にゴールしたときは、ひとり小さくガッツポーズ。思ったより高低差が大きく、腿《もも》はパンパン、膝《ひざ》はガクガクでしたが、私しか知らない小さな挑戦に勝てた嬉しさに、帰りの電車の中ではひとりでに頬がゆるんでいました。

## この人生でできることは、やっておく

キャンプ、自転車まではいいとして、「サーフィン」はさすがに無理だろう。私もかつてはそう思っていました。何しろ私、ずっとカナヅチだったんですから。

実は私、泳げもしないのに、サーフィン映像を見るのが大好きだったのです。よく、若者の集まるレストランバーのようなところで、壁のモニターで流れていますね。

あれを眺めているうちに、いつの間にか画面のサーファーと心が一体化していき、波に乗っているつもりになってしまうのです。それはとても心地よく、陶然とした気分です。

ビルのような大波に立ち向かい、あの緑色のガラスのような水のトンネルをくぐり、華麗に乗りこなすサーファーの姿を見ていると、いつも涙が出るほど感動します。なんて美しいんだろう！　こんなことができる人間って、すごい！

とはいえ、サーフィンの技術に関する知識もなく、サーファーの名前すらあまり知

りません。海なし県で育ったので、腰より深いところまで漕ぎ出していくなんて、想像もつきません。

憧れてはいるけれど、サーフィンなんて、自分の人生とは関係のない、一生交わることのないものだと思っていました。

ですから長年、

「私、次の人生ではサーフィンやる予定なんだー」

と、冗談めかして言い続けてきたのです。そこには、憧れをあきらめた自嘲がこめられていました。

でも、なぜか最近になって、考えが変わりました。

「次の人生じゃなくても、今、やればいいんじゃないか?」

「サーフボードの上に立つのは、さすがに高度すぎる。でも、ボディボードにしがみついてるだけなら、今の私にもできるんじゃないか?」

どうにかして、今回の人生で波に乗ってみたい。そう思えるようになったのは、なんと私、50歳過ぎて泳げるようになったからなんです(後述)!

曲がりなりにも泳げるようになってすぐ、私は「シニアにも教えてくれるボディボード教室」を見つけました。今どきはスポーツ人口も高齢化していますから、探せばあるんです。ボードとウエットスーツのレンタルだってしてくれます。ちょっと恥ずかしいけど、電話をしました。

「あのーすみません、私50代なんですけど……」

ボディボード教室を主宰するサーフショップのオーナーは、快く受け入れてくれました。

9月の曇りの平日、ドキドキしながら海辺のサーフショップを訪ね、予約した旨を告げました。ほかに生徒はいません。小麦色に焼けた美しい女性インストラクターは、ほんの少し驚いた表情をすぐに隠し、装備を選んでくれました。

レッスンは、漁港の近くの初心者向けサーフポイントで行われました。

生まれて初めて着るウエットスーツと、フィンをつけて入る海。足の立たないところまで入るのも生まれて初めてです。

でも、ボードのおかげで溺れたりしません。びくびくしながら沖を振り返り、波を待っていると、すぐ近くで、バシャン！　と魚が飛び跳ねました。あー、私、ほんものの海の中にいるんだ……。

灰色の波が次々に沖から押し寄せてきます。でも、どれが乗れる波なのかなんてわからない。インストラクターに肩を押してもらうタイミングで、「それっ」と波に乗ります。しょっぱい波が頭からざばあ、と崩れ落ち、私は白い泡と一緒に砂の上に滑り込みます。

きっと、人から見たら何やってるのかわからないかもしれないけど、楽しい！　そんなことを何度も繰り返し、一度くらいは自力で波に乗れたかもしれません。曇り空からはぽつぽつと雨が落ちてきましたが、気になりません。だって、海の中なんですから。やっぱり来てよかった、やってみてよかった！　嬉しい気持ちで身体が温かくなります。

レッスンの休憩時、インストラクターが遠慮がちに尋ねました。

「カネコさん、初めてなんですよね？　なんで、やってみようって思ったんですか？」

「昔から憧れてて、生きてるうちにやってみようって決心したんですよー」

「そうなんですか……」

ほっとしたように、彼女は語り出しました。

少し前に来た60代の生徒さんは、進行したガン患者だった。余命を宣告されたその人は、やはり私と同じように、前々からやってみたかったサーフィンに挑戦するため、この海辺の町に移り住んだ。とても熱心に練習したため、驚くほど上達して、その人は毎日が楽しそうだった。

海辺の生活の傍ら、営んでいたビジネスを整理して、遺された人が困らないようにもしていた。亡くなる数か月前までサーフィンを楽しむことができ、その手伝いができたことはほんとうによかったと思っている。

私は、余命を宣告されてここに来たわけではないけれど、お話に出てきたその人の気持ちがよくわかりました。そして、その人が自分の気持ちに忠実に行動できたことを、他人ながらとても嬉しく感じました。

この人生でやってみたいことがあるなら、繰り越したりしないで、この人生でやっておこう。きっとできるし、むずかしくても、何か方法があるはずだから。

いつの間にか雨の上がった帰り道、クルマを走らせながら、次はいつ来ようか考えていました。

## プール通いの効用

思い切ってボディボードに挑戦したものの、これを書いている時点の約1年前の私は「カナヅチ」でした。正確に言えば、「浮くけど、進まない、息継ぎもできない」人だったのです。

ところが、去年の春、ふと思いついて、近所のスポーツクラブのプール会員になりました。「泳げなくても、水の中で動くだけで十分カロリーを消費できるよ」と人に聞いて、俄然やる気を出したからです。

更年期女性の典型かもしれませんが、私もこの数年ですっかり体重を増やしてしまっていました。朝5時から走っていたスロージョギングを、東日本大震災をきっかけにやめてしまってからは、さらに貫禄がつき、久しぶりに会った友達にも、

「ずいぶん、立派になったわね！」

と驚かれる始末。我が家は先祖代々、由緒正しい高血圧家系でもあります。そろそ

ろ本気で体重を減らさないとまずい感じになってきました。

会員になったプールは、自転車で7~8分の距離にあり、通いやすい距離です。最初はビート板につかまってバチャバチャしているだけでしたが、季節が夏になり、プールにいる時間が長かったため、身体が水に適応したのか、長年できずにいた息継ぎが、いつの間にかできるようになったのです!

これは本当に嬉しかった。この年になって、新たにできるようになることなんて、もうあまりないと思っていましたから。

仮にも泳げるようになって、有頂天になったものの、やはり日中にプール通いの時間を確保するのはタイヘン。そこで、思い切って「日中会員」だったものを、「夜間会員」に切り替えてみました。

考えてみれば、子供たちが帰ってくるのは、部活やアルバイトで遅いし、夫は万年残業おじさん。最近は、夕食時にひとりということも少なくありません。

今まで、何となく「夜は家にいなくては」と思い込んでいましたが、気がついたら、「お母さん」としての責任は、もうほとんどなくなっていたのです。

別々の時間に帰ってくる家族が、それぞれ温めて食べられるように、夕食をひとり分ずつトレイにセッティングし、プールへ。40分くらい泳いだら、プールに付属するお風呂で入浴を済ませ、帰ったら今日の片づけと明日の準備をして、寝るだけ。

夕食メニューは、「煮物（筑前煮、鶏のトマト煮など）」「揚げ煮（カツ煮）」「揚げ漬け（チキン南蛮）」のようなものになり、「揚げ物」「焼き魚」など、出来立てでないとおいしくないものは週末に作るようになりました。

家族は、

「お母さんがやっと運動するようになった」

と喜んでくれ、けっこう協力してくれます。お風呂は自分たちで沸かして入っているし、（いつもではありませんが）食器も洗ってあるし、私がいなくても何も困らないことが、何よりありがたいことです。

このスタイルにして以来、プールを中心として一日がうまく回るようになりました。

「夜、運動する」という、今まで思いもつかなかった生活スタイルは、ともすればほとんど家を出ないこともある私にとって、一日をメリハリのあるものにしてくれました。それまで家族を待ってダラダラするだけだったのですから。

そして何より、体調がとてもいいのです。

50歳前後から、朝起きると、指や身体がなんとなくこわばっていて、スムーズに動くまで時間がかかっていたものですが、プールに行きはじめてからは、まるで油をさしたようにそれがなくなりました。肩こりも軽くなりました。

毎回、1000m超くらいをクロールでゆっくり泳いでいます。最初はできなかった背泳ぎも、最近できるようになってきました。こうなると、本当に楽しい！

体重の方はといえば、最初の頃こそ順調に減っていたのですが、プール通いが3か月も過ぎるとあまり減らなくなり、さして変化はありません。

そこはちょっとがっかりなのですが、計ってみると、体脂肪だけ減っていることから、筋肉量は増えているようです。体重が減ったからといって筋肉量も減ってしまうより、健康上は好ましいことなので、これでよしと思っています。

## 大人とは、大人のフリができる人

私自身、50歳を過ぎてこんなことをやっていて、不安になることもあります。というか、やり始める前、いつも不安になります。

「いい年して何やってるんだ？」って思われないかな？

それは、思われるに決まってますよね。

富士登山とか、プール通いはいいんです。

「50歳の記念に」

「老後のための健康づくり」

と言えば立派な理由になるし、やっている人もいっぱいいますから。

でも、「ママチャリで海まで走る」だの、「焚き火がしたい」だの、あげくの果てに

「サーフィンしたい」だの、人に言うとだいたい呆れられます。

「そういうのは、10代か20代にやるもんじゃないの？　なんで今？」

確かに、私だって、10代や20代にチャレンジできたらもっと楽しかっただろうと悔やんでいます。でも、そのときは思いつかなかったんだから仕方ありません。

これが、同じ年のおじさんだったら、あるいは許容されるのかもしれません。

「若い頃の夢をかなえたいんだな」

「自分にはまだやれる、って証明したいんだな」

と、共感や同情をもって見てくれるかもしれない。

でも、おばさんとなると話は別。

おばさんは〝変人〟ではいけないのです。

世間は、なぜかおばさんにはことさら常識的であってほしいみたいだし、最も安全な場所にいることを求めているみたい。それは、「お母さん」に求めるものと重なっているような気がします。

では、未知の体験への挑戦や冒険は、おばさんはやってはいけないんでしょうか？

やりたい私はとんでもない変人なんでしょうか？

いいえ、私は変人ではないと思います。自分で言ってもあまり説得力はないかもしれませんが。

私は、職務質問をされたこともないし、向こうから来る人にびっくりされるような恰好もしていません。選挙も納税も欠かしたことはありませんし、ＰＴＡや自治会の仕事だってそれなりにこなしています。ご近所さんや仕事先の方とも、ごくおだやかなお付き合いをしています。ただ時々、おばさんらしくないことがやってみたくなるだけ。

そんな私は、実は自分が54歳ではなく、10歳だと思っています。決して人に言うことはありませんが。

あなたは、たとえば20歳になったとき、思いませんでしたか？

「20歳って、もっと大人だと思っていたのに」って。

このセリフ、30歳になったときも、40歳になったときも、頭の中でつぶやきませんでしたか？

私もつぶやきました。今でもしょっちゅう、同じことをつぶやいています。私の母

（81歳）なんか、

「あんた今いくつだっけ？　え？　54⁉　じゃあ私は80か⁉　うっそー」

と、四六時中ビックリしています。

あるときから、私は思うようになりました。

「今の私のものの見方、考え方は、だいたい10歳の頃と同じものだ。年齢とともに成長・変化したものもあるが、おおむね、10歳の時点と変わっていない。20歳になっても、30歳になっても、実感が湧かなかったのも無理はない。私の中身はずっと10歳なんだから」

実際、出生直後は400gだった人間の脳が、成人の重量1400gになるのが10歳だといいますから、あながち私の感覚は間違っていないかもしれません。

就職し、結婚し、子供が生まれても、私の中の10歳の私はいなくなりませんでした。でも、私はそれを人に知られないように努めてきました。うまいこと「大人のフリ」をしてきたのです。だから、社会生活において、さしたる不都合を感じたことはありません。

よく、家の中で電話の受け答えをしていると、子供たちは、「お母さん、普通の大人みたい」と笑います。

「そりゃそうだよ、普通の大人のフリ、得意だもん」

子供の学校の面談などがあるときは、そこそこきちんとした服装とメイクで、

「じゃ、立派なお母さんのフリしてくっから」

と言って出かけます。面談する先生に、

「いつも子供がお世話になっております」

などと頭を下げつつ、

「この人も、立派な先生のフリしてるけど、中身は10歳なのかもな〜」

なんて思いながら。

リアル年齢54歳を忘れることはありません。日々衰えていく体力、シミ、シワが否応なくそれを教えてくれます。

でも一方で、私は10歳なのです。だから、時々へんてこなことを思いついて実行したくなるし、行ったことのない場所に行きたくなるし、見たことのないものを見たい

と思うのです。それはきっと、80歳になっても変わらないのでしょう。

私の中の10歳、それは「子供」そのもの、生命力そのものです。あらゆるものを新鮮に感じ、驚き、落ち着きがなく、感情的で、合理的ではなく、でも、つねに生き生きしています。

彼女がいるために、私は時々そそっかしい失敗をしでかすのですが、同時に、どんなに年をとっても、突拍子もないことを思いつき、ワクワクする気持ちを失わないでいられます。彼女を失ったら、私はみるみる年老いて、生きる気力をなくしてしまうのかもしれません。

私は54歳のフリをしていますが、それは生きづらくならないための方便。なるべく、人様に驚かれたり、イヤがられたりしないように、でも、これからもこっそり、10歳として生きていくつもりです。

## あなたにぴったりの「ぽっかり」の埋め方

心の中に小さな穴を感じている人も、そうでない人も。
人生後半を楽しむためにぴったりの方法を確認してみましょう。

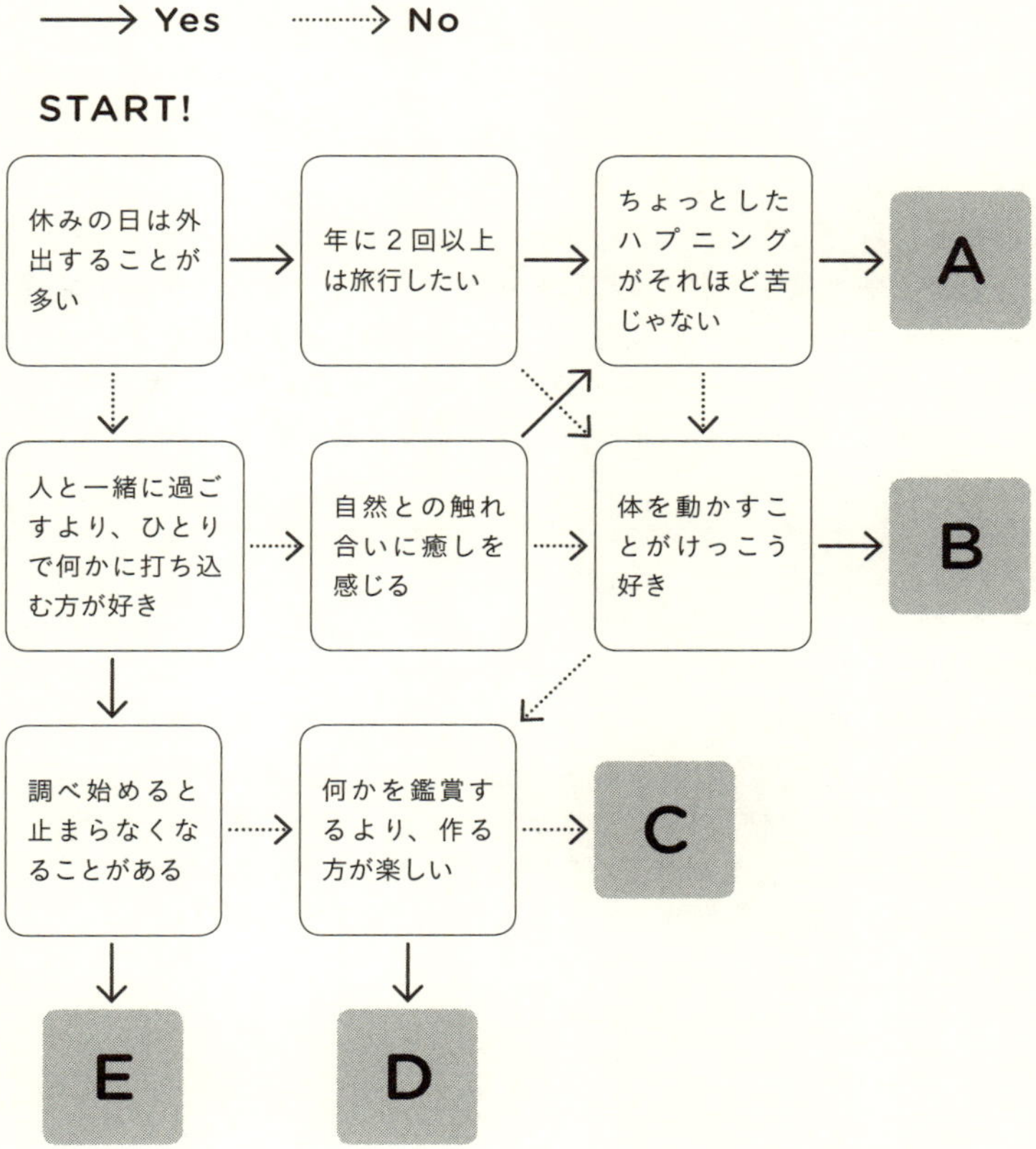

## 「ぽっかり」の処方せん

63ページのチャートでたどり着いた結果は、A～Eのどれでしたか？
該当の解説をお読みいただき、
人生後半を生き生きと過ごすための参考にしてみてください。

### A
### 旅行・アウトドア

好奇心いっぱいで、じっとしているのが苦手なあなた。都会派なら、自分でチケットや宿を手配して気ままなひとり旅を。テーマを絞るといいですね。自然派なら、キャンプや車中泊も抵抗ないでしょう。登山やスキー、サーフィンやカヌーだってまだまだ大丈夫。周囲に仲間がいなくても、ネットで教室やサークルが探せます。

### B
### 運動・トレーニング

長い人生、最期まで美しく健康でいたい人に最適です。登山に出かけなくても、ボルダリングなら都会でもでき、日常の中に組み込むことで、生活にメリハリがつきます。ひとりでもできますが、ジムなどに入会して友達を作るのもいいですし、地域の走友会や卓球クラブなど、同好会を探すことでも、新しい交友が広まります。

## C
### 映画・演劇・音楽

享受者として劇場やコンサートホールに通うのであれば、鑑賞記録をつけたり、ファンクラブに入って仲間と語り合ったりすることで、さらに世界が広がります。自ら発信者となって舞台に立ったり演奏したりするには、Bと同じようなトレーニングが必要になりますが、それがまた楽しいはず。ある程度年間予算をとって臨みましょう。

## D
### 手作り・DIY・アート

自宅でコツコツとひとりでもできるところが魅力ですが、本格的に取り組むなら、レッスンに通うなど、プロの作品を見て研究を。会心の作品が完成したら、コンクールに出品したり、web上で発表するのもいいですね。手作り市などに出店して販売することができれば、ちょっとしたビジネスに発展するかもしれません。

## E
### 読書・研究・執筆

これから読書をするなら、短くても感想メモを作成していくと、自分の考え方の変化が見られて面白いかもしれません。さらに、関心の深い分野の読書を増やして、自分なりの論文を作成しても。また、詩や小説など、創作に挑戦するなら今です。ひとりでも、どこでもできる読書や執筆は、長い人生の良き友となってくれるはずです。

# 第2章

# 50代からは「食」が大事

## 「生存の家事」と「趣味の家事」

ひとり暮らしを始めてから、ヘタクソながらもずっと続けてきた家事。ひとり暮らしから二人、今では四人と、家族の規模は大きくなり、家事の種類も増えました。家事には、得意なものもあれば、苦手なものもあります。

どんな家事も大好き！　という人は、少数派ではないでしょうか。

私はといえば、本来料理が好きなタイプ。片づけや掃除は、もともと得意ではありません。片づけの方は、持つものを減らすことと、試行錯誤の末、かなりラクになり、好きになりました。ある意味、「趣味」になったと言えるかもしれません。そしてそれは、私の人生の中で本当によかったことの一つだと思っています。

しかし、掃除の方は相変わらず好きではありません。「ホコリや汚れを取る」という根気のいる仕事は、せっかちな私には向かないようです。それでも、以前は勢いと体力でどうにかなっていました。

ところが更年期を迎え、危機が訪れました。朝に弱くなり、掃除（特に掃除機かけ）ができなくなってしまったのです。

朝に弱くなったといっても、もともと、4時半に起きていたのが5時半にずれ込んだだけなので、朝食とお弁当は作れますし、洗濯もできます。朝食の後片づけ、ゴミ出し（夫担当）まではＯＫ。家族は、私が朝に弱くなったとは知りません。

しかし、問題はその後です。家族を送り出し、ソファで一息ついたが最後、石のように動けなくなってしまうことが増えたのです。ぐずぐずとその場に居座り、掃除機のところまでたどり着けないのです。

そもそもこの頃、私は極端に〝音〟に敏感になっていました。家族の立てるちょっとした物音、自分が見ていないテレビの音、子供が見ているスマホの動画の音など、ささいな生活音が耐えられないほど不愉快でたまりません。

なかでも、掃除機の〝音〟がどうにも我慢ならず、掃除をする気が起きないのです。あの排気の音を聞くのがいやで、他の仕事をしていてズルズル後回しにして、掃除を始めるのが夜になることもありました。

これが更年期によるものなのかは不明ですが、苦痛なことは確かです。

そこで、当面は掃除機かけをあきらめることにしました。代わりに使うようになったのが、フローリングワイパーと箒《ほうき》です。

これらは､掃除機のように「吸い込みながらホコリを集める」ことはできませんが、不愉快な音もしませんし、思いついたらすぐに使えて、夜遅くなっても掃除ができます。掃いたホコリは、ちりとりではなく、フローリングワイパーの紙とティッシュで掴んで捨て、細かい掃き残しはアルコールをスプレーして、集めながら拭いてしまいます。これだけでかなりスッキリします。

「掃除機じゃなくてもいい、一日一回ざっとでいい、何時にやってもいい」

と、掃除のルールをラフにしたら、俄然気がラクになりました。

テレビのＣＭで、顕微鏡で見るような微細なホコリを、

「こんなに吸い込みます！」

とアピールしているのを見ますが、これからリビングで手術をするわけじゃないんですから、うちはもうこれでいいやと思っています。ホコリが出たらまた掃けばいいし、家族に時間があれば、

「お母さん出かけてる間に、掃除機かけといて」

と頼むこともしています。

苦手な掃除をゆるくした一方で、好きだった料理の方は、以前よりずっと比重が増しました。こちらの方は、楽しくてたまりません。

子育てに割いていた時間が料理に回せるようになったこともあり、昔より手の込んだもの、作ったことのないものに挑戦する余裕もできました。掃除にかけていた時間も、料理に回っているかもしれません。


私は、家事はあるレベルを超えたら「趣味」だと思っています。

家事は、それなしに生きていくのはむずかしいもので、すべての人がやるべき、できるべきものです。当然、主婦だけが負うべきものとも思っていません。

時々、男性の中に、家事ができないことをまるで自慢するように語る人がいますが、あれは不愉快ですね。

「家事などというつまらないことは、優秀な者はやらなくていいのだ。僕は優秀だから、やらなくて済んできた。だからできなくて当然なのだ」

と誇っているのかもしれませんが、本来は恥じるべきことではないでしょうか。

「僕には生きる能力がありません」

と言っているようなものです。

かといって、誰もがカリスマ主婦みたいな華麗な家事ができるべき、とも思っていません。あそこまでできたら素敵でしょうが、できなくても全然困りませんし、ちっとも恥ずかしいことではないと思います。

今どきの家事といったら、

「電気炊飯器でごはんを炊き、レトルト食品を温める」

「ゴミを分別でき、決められた日に決められた場所に出せる」

「カビや害虫が発生しないレベルには清潔にできる」

「全自動洗濯機で洗ったものを干せる」

「床にやたらにものを置かない」

程度でよく、これなら十分、「家事ができる」と言っていいと思います。これらの家事の特徴は、

「あまりに日常的、基本的なので代替サービスが存在せず、外注するとしたら非常に

高額になってしまうこと。できないと日常生活が成り立たないこと」です。

つまり、「**生存のための家事**」です。

これに対して、

「見た目も味も外食にひけをとらない料理を作る」

「すべての衣類やシーツにアイロンをかける」

「家の隅々までピカピカに磨き上げる」

というのは、誰もができるものではありませんし、できなくても生活は十分回ります。代替商品やサービスも存在します。

こういうことこそが「**趣味の家事**」と言っていいのではないでしょうか。

みんなが家事で悩むのは、この「生存の（ための）家事」と「趣味の家事」を混同しているためではないかと思うのです。

「生存の家事」は、誰でもできてしかるべきで、できなければ恥ずかしいものですが、「趣味の家事」は、まさに個人の趣味。やりたい人だけやればいいのです。〝キャラ弁〟なんて、「趣味の家事」の頂点ではないでしょうか。きわめて日本的で、私は「家事

## 「生存のための家事」のリスト

〔食事〕
・中学校程度の栄養学の知識がある
・食材が傷まないように管理できる
・ごはんを炊くことができる
・味噌汁を作ることができる
・電子レンジの使い方がわかる
・簡単な料理（焼くだけ、切るだけでもよい）ができる
・食器を洗って、（すぐにではなくても）元の場所に戻せる

〔片づけ・掃除〕
・ゴミを分別し、決められた日に決められた場所に出す
・床の上になるべくものを置かない
・テーブル上に食事するスペースが常にある
・時々は掃除をし、カビや害虫が発生しないレベルには清潔を保てる
・重要なものをなくさずにいられる

〔洗濯・衣類の管理〕
・洗濯機（コインランドリーでも可）が使える
・（その気になれば）クローゼットや引き出しなど、ものを収納場所に戻すことができる
・ボタン付けができる（動画を参考にしても可）
・すそ上げテープを利用してすそ上げができる
・簡単なアイロンかけができる（動画を参考にしても可）
・初期であれば簡単なシミ抜きができる

〔家計管理〕
・予算を立て、予算内で暮らすことができる
・月々の光熱費と電話・通信費がだいたいわかる

界の盆栽」と呼んでいます。
私は今、あまり好きではない掃除に関しては「生存の家事」レベルに落として、大好きな料理は「趣味の家事」の比重を増やしつつあります。子供たちも育って、身の回りのことができるようになったし、夫も少しずつ家事を負担するようになってきました。家事の主担当者としての役割はこの辺で返上するつもりです。

**「趣味」にしてしまえば、家事はほんとうに楽しい**ものです。自分の暮らしを極限まで自分好みにできるんですから、こんなに面白いものはありません。私にとっては、四季折々の食材を手に入れたり、目新しい調理法を試したりすることで、おいしいごはんを作る料理は、毎日できる恰好の趣味に格上げされたのです。

やりたい家事、やりたくない家事は、これからも変わっていくかもしれません。「趣味」以外の家事だってやはり重要です。

でも、なるべく生涯「生存の家事」ができるレベルでありたいと思っていますし、家族それぞれにもそうなってもらうつもりです。

## では、好きな「料理」はどうなったか

知人友人に料理の上手な人が多いため、料理上手などとは恐れ多くてとても言えませんが、私が料理好きなのは確か。子供の頃は、カナダの料理番組『世界の料理ショー』が大好きでした（この頃はまだテレビっ子）。

きちんとした手順を細かに説明してくれる日本のきまじめなお料理番組とは違い、ワイングラス片手にふざけながら、華麗な料理を作っていくグラハム・カーに憧れ、「大人になったら、あんな風に楽しそうに料理を作ってみたい！」と思っていました。

ひとり暮らしの若い頃は、料理エッセイを読みふけり、自分の好きなものばかり作っていたものの、結婚して子供が生まれると、夫や子供の好みに合わせて、栄養や体調に気を使った料理を「まじめに」作るようになります。

でも、それは本当に作りたい料理とは限らず、内心では、

「もっと自分勝手に料理を作りたいな〜」

と思っていました。

食材も、少し前までは、ほとんど生協の宅配。一定のクオリティがあり、仕事と子育てに忙しかったあの頃、とても助けられました。でも、できればやっぱり、自分の目で見て選びたい。料理の楽しみの半分は、食材選びなのですから。

子供が大きくなり、味の許容範囲が広がった今、再び自分が作りたいものが作れるようになってきました。唐辛子やわさび、山菜やハーブも使い放題です。こうなる日を待っていました！　最近は、トルコ料理と魚料理がマイブームです。

目下の楽しみは、道の駅や直売所など、産地直結の野菜を売るお店めぐり。こういうお店では、一般のスーパーで見かけない珍しい野菜や、ほんの一瞬しかめぐり合えない山菜など、ワイルドな素材とも出合うことができるのが魅力です。買い物嫌いの夫も、近場の町へクルマで行くことは、道路や橋など土木設計の仕事の参考になるため、快く付き合ってくれます。

今はネット上にレシピがあふれているし、手軽に手に入りますが、私はあまり利用しません。旅先で食べた料理や、友人が作ってくれたり教えてくれた料理を再現する方が楽しいし、おいしいものができると思っています。

どちらも、「おいしかった！」という感動が新しいうちに挑戦するのが肝心です。

昔、ベトナムのハノイに行ったとき、屋台で食べた「豚肉と厚揚げのトマト煮」がめっぽうおいしかったのですが、作り方を尋ねようにもベトナム語ができず、悔しい思いをしました。それ以来、記憶を頼りに何度も自己流で作っているのですが、いまだにあのおいしさを再現できていません。残念！

映画や本に出てくる料理を自己流に再現するのも大好きです。

特に好きなのは、ジョルジュ・シムノンの警察小説「メグレ警視」シリーズや、池波正太郎の時代小説『剣客商売《けんかく》』に出てくる料理。どちらの作家も食通だったようで、出てくる料理のおいしそうな描写が半端ではありません。ワインや日本酒に合いそうなところも魅力です。

『剣客商売』の料理は、調理がごくシンプルで食材も少ないので、再現が容易です。「大根を薄味の出汁で煮ただけの一品」「葱《ねぎ》とあさりのむき身を薄味の出汁で煮たものをぶっかけた土鍋飯」など、季節感と素材の魅力がいっぱいの料理です。

こんな風に楽しんでいると、食材を探し、料理を作ることは、もう家事ではなく、趣味だなあとつくづく思います。自分の家で毎日趣味が楽しめる上、家族が喜んでくれるのですから、言うことなしです。

おいしい野菜と魚を愛する私なので、できることなら、いつか「漁港のある農村」に住んでみたいと思っています。海や山の自然に囲まれ、新鮮な素材がいつでも手に入る環境なんて夢のようではありませんか！

しかし現実には、夫の定年まであと十数年。通勤を考えると、それはほんとうに「夢」。夫は都会の方が好きなので、実現の可能性は限りなく低い。

でも、私はあきらめません！　セカンドハウスを買わなくても、移住しなくても、離婚しなくても（！）、いつかどうにかしてこの夢を実現してみせるぞ、と心に決めているんです。どの農村にしようか？　考えるだけでワクワクします。50代だって、夢も持てば、ワクワクもするんだと知って、年をとるのが楽しみになりつつあります。

## 台所仕事の楽しさを支える意外なツール

家事の割合を、掃除を減らして料理を増やした私ですが、料理は料理だけで完結しません。料理の頻度が増えれば、洗い物や台所の掃除だって増えるはず。料理が楽しくても、後始末は往々にして楽しいものではありません。そこはどうしているのか？

実は今、台所掃除も食器洗いも、ちっとも苦痛ではなくなっているのです。料理でも、皮むきや魚のワタ取りのような面倒で地味な作業が、するするはかどるようになりました。というのも、台所仕事が信じられないくらい楽しくなる、自分史上画期的なツールを手に入れたから。

そのツールとは、

「録画機能付きポータブルテレビ」。

小学生時分こそ、料理番組に熱中していたものの、放映中ずっとテレビの前にいなければならないというのは、本来、落ち着きのない性格の私にとって苦痛でした。

おまけに忘れっぽいので、連続ドラマの曜日や時間をいつも忘れてしまうのです。時間の欠けたドラマを見たくないばかりに、あんなに人気のあった『3年B組金八先生』も、『東京ラブストーリー』も、一度も見たことがありません。台所では、もっぱら気軽なラジオを聴いていました。

ところがあるとき、「録画機能付きのポータブルテレビ」を手に入れたことで、私の生活は一変したのです。

この家電は、テレビに抱いていた私の苦手意識を全部解消してくれました。これを手に入れてから、私のテレビ視聴はほとんどすべて、「録画を」「台所かお風呂で」になったのです。

・「放映中ずっとテレビの前にいなければならない」→「録画すればOK」
・「途中で席を立てない」→「録画だから好きなときに止められる」
・「録画しても、リビングでしか見られない」→「ポータブルだから、家中どこでも見られる」

つまり、私がテレビに抱いていた不満が全部解消されたわけです。おかげで、テレビを見るのが俄然、楽しくなりました。

このテレビで見るのは、すべて録画です。ハードディスクには、私が見たい番組しか入っていないので、「自分専用放送局」を持ったようなものです。最初は、カラスの行水を直すため、お風呂で見るために買ったのですが、ふと台所で使ってみると、意外にも台所仕事との相性がいいことがわかってきたのです。

それまで、火や刃物を使ったり、割れ物を洗ったりする台所に、テレビは不向きと思い込んでいました。ところが、煮込み料理やパンの発酵時間など、「待ち」の多い料理の合間に、使ったボウルや鍋を洗ったり拭いたりしながら、見たかった録画を見ることができると、実に時間を有効に使えることに気がつきました。

調理台の汚れを拭いたり、五徳の焦げをこすったりする、私の苦手な掃除も、美術番組や歴史番組を見ながらなら、ちっとも退屈しません。なかなか起きていられない深夜のバラエティ番組を午前中に見ながら、大量の野菜を刻んだり、ケーキを焼いたりするのも、難なくできることがわかりました。揚げ物や炒め物、出刃包丁で大型の魚をさばく以外は、ほぼ大丈夫です。

こうして、台所の雑用は憂鬱な苦役ではなく、いくらやっても飽きない、楽しい作業になったのです。

何より、

「見落としても後で見返せる」

という録画の性質が、見逃すまいと真剣になりすぎない、安全な〝ながら視聴〟を担保していると感じています。

（熱中しすぎる性質の人には向かないかもしれません）

## ＊台所聴講生

ポータブルテレビのおかげですっかり台所に入り浸りになっている私、最近では台所にノートパソコンを持ち込んで、仕事までするようになってしまいました。ちなみに、我が家の台所は3畳しかないので、机も椅子も折りたたみ、資料を載せるのは調理台の引き出しを引っ張り出してトレイを載せた上ですけど……。

録画する番組は、美術・歴史・科学・旅番組、バラエティ、時々映画。聴講生ではありませんが、放送大学の講義も見ています。自分であれこれ本や雑誌を読んで身につける知識と違って、一つの体系のもと構成された大学の講義はやはり、ムダなく学ぶことができ、効率がいいことに感心しています。

テレビのよさは、情報量の多さ。短時間でいろいろな情報が吸収できるところです。しかし、ただ見ただけ、聞いただけでは、私などすぐに忘れてしまうので、これは覚えておきたいな、と思ったときには、机と椅子を引っ張り出して、その場でノートをとり始めます。

50代になっても、というよりむしろ今の方が、自分の興味や関心、学びたいことがはっきりしてきて、熱中できます。台所にいても、こんなことができる現代って、なかなかいいと思いませんか？

## 食器の持ち方が変わった

子供が生まれてからずっと、

「モノは少ない方がいい！」

を信条に、なるべく余計なモノを持たない暮らしを心がけてきました。

というのも、私がとりわけ片づけがヘタで、そのために心のゆとりを失いがちだったからです。

自分ひとりでもタイヘンだったのに、結婚して、子供が二人になるにつれ管理しなければならないモノが増え、イライラしがちだった時期を、私はモノを減らし、なるべく増やさないことで乗り切ってきました。

なかでも食器は、増やしたくないもののうち最たるものでした。

私の実家は食器の数が多く、台所収納にはいつも膨大な数の食器がありました。実家が、陶芸の町・益子《ましこ》の隣に位置していたこと、昭和の昔、贈答品に食器が多かったこと、親戚が飲食店を経営していて、入れ替えた食器が回ってきたことなど、理由はさまざまありましたが、食器がたくさんあることでいいことは一つもないように、子供だった私には思われました。

かさばる和食器は収納がむずかしく、食器棚の前後に二重、三重にしまわれて、取り出すのも戻すのもタイヘン。結局、いつも同じような食器を使う羽目になるのです。だったら、持つのはそれだけでいいはずなのに、新しい食器を手に入れると、母はもういっぱいの食器棚にそれをどうにかして詰め込むのです……。

ところが、実家を離れて念願のひとり暮らしを始めたら、私の台所も、いつの間にか食器でいっぱいになっていました。いただきもののグラス、旅先で自分みやげに買ったマグカップ、お店のイベントで手渡された粗品のお皿。

ひとり暮らしの狭い部屋の収納にいっぱいのそれらのうち、使っているのはほんの数点しかありませんでした。

子供が生まれてから次第に減らしていった結果、食器の数は最小限、色もほとんど白無地一色となりました。四人家族になったのに、食器の数は、ひとり暮らしの頃よりむしろ少ないくらいです。

それでも別に困りません。無味乾燥ですが、片づけやすく整然とした食器棚は、私にとって気持ちが落ち着き、忙しくイライラしがちな子育て時期にピッタリでした。

ところが、月日は流れ、実家で出された食事を食べながら、高校生になった上の子がこうつぶやいたのです。

「この食器、いい柄だね。うちの食器って白ばっかりだから、新鮮だな」

それを聞いて、ハッとしました。

白一色の食器は、私にとって精神的にラクだったし、家族からも不満は出なかったけれど、やっぱり少し味気なかったのかな。

そう思うと、我が家の食器が病院や社員食堂のように見えてきて、なんだか急につまらなく感じられるようになったのです。今まで、そんなことを微塵《みじん》も感じなかったので、この気持ちの変化は、自分でも意外でした。

だからといってすぐに食器を捨てたり、買い替えたりすることはなかったのですが、それからは少しずつ、食器の持ち方が変わりました。

それまでは、一枚割れたり欠けたりすれば、まったく同じものを買い足して、常に同じ数を保つように、真っ白な食器棚を維持してきました。しかしこの頃から、サイズや形だけ同じ、あるいは入れ子になる形の食器で、好みの色や柄のものを探して補充するようになったのです。

今や、我が家の食器棚には、次第にいろいろな色・柄・形のものが入り込むようになりました。ただし、収納は限られているので、数は増やしません。ただ、同じ限られたスペースであっても、以前のようなストイックさはなく、少しだけにぎやかに、華やかになってきたのです。

出先で素敵な食器に出合っても目をつぶり、

「買わない、持たない」

を続けてきた身に、きれいな色や柄のある食器は新鮮でした。

今はまだ、白い食器が多いので、その食器を使うと、ちょっとよそ行き、ちょっと特別な気持ちがして楽しいのです。

シンプルであることが第一命題であった頃は、家事にも育児にも手間がかかり、余計な作業や余計な情報は極力遮断することで、時間的・精神的な負担を減らそうとしていました。

でも今、足元にまとわりついて泣いたり騒いだりする子供たちはいないし、必要とあらばある程度は家事を任せることさえできます。1時間かけて片づけた部屋が、5分で元通り散らかることもありません。あの頃は、こんなゆとりのある日々が来ようとは夢にも思いませんでした……。

しかし、今後、食器を入れ替えることはあっても、これ以上増やすことはないでしょう。暮らしを楽しむゆとりはできましたが、台所が広がったわけでも、食器棚が増えたわけでもありません。持ちすぎれば、私は再び片づけに苦労しはじめることがわかっているからです。

これは、食器に限りません。

ゆとりができたとはいっても、私という人間がそんなに大きく成長したわけではありませんし、ましてやこれから何年か後には子供たちも家を出ていき、暮らしのサイズを小さくしていかなければならないこともわかっているのですから。

これからも、自分の限度を意識しながら、でもその範囲の中で、今までよりちょっとだけ、モノを持つ楽しみ、使う楽しみを広げていきたいと思います。

## ボウルは増えず、刃物は増えた

意地でもモノを増やしたくなかった、かつての私。

しかし、今思えば、

「別にそのくらい、買った（持った）ってよかったんじゃ……」

というものもけっこうあったのです。

たとえば、サラダスピナー（ハンドルを回して野菜の水切りをする調理用具）が欲しくなったときは、「ボウルと同じサイズのザルを口のところで合わせて、中に入れた野菜を上下に激しく振る」ことで、買わずにしのぎました。

今は、家族三人分のお弁当のため、毎日のように卵焼きを作っているのですが、いまだに卵焼き用の四角いフライパンを持っていません。買おう買おうと思っているうちに何年も経ってしまい、いつの間にか丸いフライパンで長方形の卵焼きを作るのが妙に得意になっていました。子供のお弁当を作るのもあとわずか。結局買わずに終わりそうです。

夫が単身赴任したときは、家に二つしかないボウルのうち一つを持たせてしまいました。困ったらそのうち買おうと思っていたのに、丼やほかの鍋でしのぐうち、夫はボウルとともに2年の単身赴任から戻ってきてしまいました。

モノがなくてもどうにかする力を身につける訓練だった気もしますが、たいして意味のないヤセ我慢だった気もします。ともあれ、持たないために、今までそれなりの工夫や努力をしてきたことは確かで、そのために家の中がモノでいっぱいにならずには済みました。


一方、増えたものもあります。

若い頃は、ステンレスの安物包丁一本で何でも切っていました。ところがあるとき、鋼の牛刀を手に入れて、そのうっとりするほどの切れ味に魅了されてからは、刃物に対する考え方が変わりました。

鍛造された鋼の刃物の切れ味はすさまじく、買ったその日から、私はキャベツの千切りのとりこになりました。特に器用でもない私にも、細いフワフワの千切りが簡単にできるのです。

つぶれがちなトマトも、薄く薄くスライスできますし、ごぼうのささがきもつまずきません。ああ、気持ちいい！　なんでもっと早く買わなかったんだろう！

ステンレスの三徳包丁は扱いが容易でした。たいていの食材はまあまあ切れるし、刃こぼれや錆《さび》を気にする必要はありません。私程度の作る料理には、これで十分に思われました。

しかし、鋼の包丁はそうではありません。

「15分以上濡れたままにしないこと」

と、刃物店で念を押された通り、使ってはすぐに拭き、水気を除かなければたちまち赤く錆びてしまいます。定期的に研ぎに出し、そのうち刃物研ぎ教室に参加して研ぎ方を習い、それは大切に使うようになりました。あの切れ味を保てるなら、このくらい何でもない、それほどの魅力が、切れる刃物にはありました。

一本あればいいと思っていた包丁も、やがて魚をさばきたくなると、出刃も欲しくなってきます。刃の薄い牛刀で魚をおろすと、骨で刃が傷みますから。

最初の出刃は鯵《あじ》用の小さなものを手に入れて、おっかなびっくり使っていましたが、大型の魚もさばけるようになりたくて、実家に眠っていた大きな出刃をもらい受けました。これで、鰹《かつお》もおろせるようになりました。

その後、焼き立てパンを切るために、パン切りナイフ、チーズや野菜の模様切りのための波刃ナイフと、刃物の数は増えていき、今では包丁（ナイフ）は五本になりました。

ものを増やしたくないがために、流行の調理器具（電子レンジ調理器、タジン鍋、おしゃれなホウロウ鍋など）は絶対に買わず、ボウルさえ一個でしのいだ時期もありましたが、たいていのものは他で代用することができました。

でも、刃物だけは、ほかのもので代替することができないのです。作りたい料理の幅が広がるほど、刃物もそれに応じて増やさなければ、求める満足感は得られません。職人の手になるよい刃物は高価ですが、大切に扱えば一生、ことによると子の代まで使い続けることができます。

こうして、一本ずつ増えた刃物たちは、料理する時間、ひいては人生の質を格上げしてくれる最高の相棒、宝物となりました。それも、自分でその都度ほんとうに必要だと思い、欲しい刃物のサイズや質感から選んで買ったからこそ、死蔵せず、全部を楽しんで使えているのだと思います。最初から「お得な包丁十本セット」などを買っていたら、私はきっと、半分も使いこなせず、錆びさせてしまっていたでしょう。

刃物は人間のよき友ですが、刃物でなくてもきっと同じ。持たなければいいのでも、たくさん持てばいいのでもありません。必要なものを持ち、楽しんで大切に使い、生かす。これからも、それができるようにいられたらいいなと思っています。

# 第3章

# 暮らしとファッションのうつりかわり

# 服に悩んだ40代～買わない50代へ

50代になったとき、40代の延長だと思っていたのと同じで、40代になった頃は、まだ30代の延長だと思っていました。だから、30代と同じものを着て何の疑問も持ちませんでした。

ところが、40歳を2、3歳過ぎた頃から、次第に、

「あー……さすがにちょっと無理かな……」

と感じるようになってきました。それまでの服が似合わなくなってきたのです。

気持ちは30代、どうかすると20代の延長のような、まだまだ若者気分が抜けません。

でも、見た目は容赦なく「オバサン」そのものになってくるのです。特に体型が。

もともと背が低く、ガッチリした固太り体型の私。似合うのは、カッチリしたスーツのような服らしいのですが、好きな服は、やわらかい素材のゆったりしたカジュアルなスタイル。着たい服と着るべき服とのギャップが大きすぎて、何を着たらいいの

かわからなくなってしまったのです。

「いい加減、年相応の服を着るべきなんだろうか？　でも、百貨店の3階は敷居が高い。私、こんなマダムじゃない。だからといって、2階の服はもう全然似合わない……」

この頃は、百貨店の2階と3階を行ったり来たりしているような状態でした。

悩んだあげく、この頃は「40代のファッション」について考えたことをブログに書き散らしたりもしていました。このブログ、まったく宣伝もせず、写真の一枚も掲載しない地味なものだったのに、時々覗くと、意外なほど閲覧数が伸びています。みんな同じことを悩んでいるのかもしれません。

その当時、悩みながら、迷いながら出した自分なりの「答え」は、

「40代は、もう言い訳のきかない大人である」

というものでした。当たり前のことなのですが、当時はまだ、自分が「ほんものの大人」であることを認めたくなかったのです。それが、ファッションへの迷いとなって表れていたのかもしれません。

あれから10年以上が経ちましたが、今でも、あのとき出した結論に従って服を選ん

でいますし、着ています。それは、

**「大人には、それなりの威厳がなくてはならない」**

というものです。

「威厳」というと、一生ものの高級ブランドを着ることとか、高価な宝石類を身に着けることのように聞こえるかもしれませんが、服装などは、こざっぱりさえしていれば何でもいいと思っています。私のイメージする「威厳」は、身に着けるものなどではなくて、

「相手を不安にさせない」

ことです。

ここで言う「威厳」とは、「信頼できる大人にふさわしい雰囲気」というほどの意味です。自分のことは自分でどうにかでき、周囲の人を手助けすることもできるのが大人だと思います。そのためには、相手をびっくりさせるような恰好をしない方がいい。「人は見た目ではない」と言いますが、会ったこともない人を判断する材料は、見た目しかありませんから。

中年以降の女性が相手をびっくりさせる見た目といったら、特別に奇抜な服装以外

は、「若作り」に尽きるでしょう。若作りが見苦しいとか痛々しいとか言われるのは、見る人を不安にさせるからだと思うのです。50代なのに、少女のような服やメイクの女性を見たら、びっくりするし、不安になります。ましてや、その人に何か協力を期待したり、助けてもらえるとは思えません。


では何が若作りか？

若作りさえしなければ威厳が持てるのか？

威厳を表すために、好きでもない服を着なければならないのか？


40代の私の悩みは、まさにこれらでした。

いくら似合うと言われたって、着たくもないスーツなんか着たくないし、どうすればいいんだ!?

しかし、悩んでいる間にもどんどん体型が崩れ、シミと白髪が増えていくうちに、答えははっきりしてきました。

**「腕と脚の皮膚をなるべく見せないこと。髪に気をつけること」**

これだけです。これだけを守っていれば、あとは好きなものを着てもおおむね大丈夫だとわかってきました。つまり、**生体としての変化の表れ（老化）を、なるべくマイルドに見せる**ことです。

ハリやつやのない腕と脚は、年齢による衰えがいちばん表れるところです。特に肘《ひじ》は、後ろ姿なので自分で気がつきにくいのですが、35歳を過ぎるとほぼ全員に「梅干し」のようなシワができます。血管の浮いた足の甲は、下にあるためそれほど目立ちませんが、あまりに丈の短い服は、やはり脚の皮膚の衰えを目立たせます。

見た目が老けるのは仕方ないし、全然かまわないのですが、問題は、

「若い子と同じ服を着ると、さらされる皮膚の面積が多くなりがちである」

という点です。むきだしの腕が乾燥気味だったり、膝上のショートパンツをはいた膝裏の静脈が浮いていたりすれば、見る人はやはり不安になるでしょう。

だからといって、

「50代になったらみんながみんな、オーダーメイドのスーツを着るべし」

ということはなく、着たいものを着ればいいと思っています。

ただ、年齢の表れた肌や髪が「痛々しい」「かわいそう」と見えてしまう場合、着ているものとのギャップが「若作り」と変換されてしまいがちです。内面がいかに若々しく、若者と変わらない精神を保っていても、生命力を失った外見では、内面とバランスがとれないのでしょう。

**「若見え」ではなく「若作り見え」を防ぐためには、衰えの目立つ部分の面積（皮膚）を減らし、アクセサリーや色彩、素材感で生命力を補填し、髪のケアを大切にすることかな、**と、今は思っています。そこに気をつけている人は、若い人と同じものを着ていても、ちゃんとおしゃれに見えますし、威厳も感じます。

50代になると、子供のPTAもなくなってきたり、姑の小言も聞こえなく（聞かなく）なり、むしろ制約は減っていくので、40代よりも着たいものが自由に着られるはずです。50代からの方が、自由におしゃれを楽しめるかもしれません。

私の場合、アウトドアに関心が移ってきたため、欲しいと思う服はほぼアウトドアウエアです。丈夫で実用的なので、日常生活は、ほぼこれでこと足りてしまいます。

しかし、こうなるといちばん困るのが、たまにある、

「昔の友人と銀座でお食事」

のようなシチュエーション。これを季節ごとに2パターンぐらい想定しておかないと、慌てる羽目になります。

私は手持ちの服が少ないので、アクセサリーやストールで変化させてしのぐのですが、そのため、ほとんどすべての服を無地にしています。柄ものは組み合わせに苦労することがあるからです。

最近は、行事の折に和服を着る機会も増えてきました。おしゃれが面倒くさい私は、若い頃少し凝っていた着付けを復活させて、今後は紬《つむぎ》2着と帯2本でやりくりするのもアリかも!? と検討中です。

## グレイヘアになれる人 ～50代と外見

美容外科の手術とか、高価な化粧品を使ってまでシミやシワをなくしたいとは思っていません。しかし、髪のアンチエイジングについては、少々気になっています。

私の髪は細くてコシがなく、もともとかなり茶色っぽいのです。平安時代ならこれだけでもう大コンプレックスだったでしょう。白髪が生えはじめたのは30代前半ですが、数も少なく頻度も低かったので、特に気にしていませんでした。

しかし、40代後半の更年期と同時進行で、生え際の髪が細く、色がどんどん薄くなってきました。コシもなくなり、生え際にぽやぽやした産毛のような髪がツンツン立ち上がり、まとめ髪の多い私には目障りでなりません。髪全体に白髪が広がることはなく、生え際に集中しているのです。

最近ますます、産毛の色が薄くなり、混じる白髪が増えてきました。こうなると、生え際の髪がまるで透明みたいになってしまい、顔の面積がどんどん増えていきます。このままでは大顔おばさんまっしぐらです。

そのため、昔は滅多に美容院に行かなかった私も、最近では白髪染めのためにこまめに施術してもらうようになりました。手間もお金もかかるし、実に面倒くさいです。

2018年末頃から、女性を白髪染めから解放する「グレイヘア」が支持されるようになってきました。無理に若いときと同じ髪の色を保つのをやめて、自然のままの白髪を生かしたヘアスタイルを楽しもうという動きです。これはいい！ ほったらかしで近藤サトさんのようになれたら最高です。

しかし、わかっているのです。悲しいことですが、私にはムリ。

若い頃、高齢の女性が、白髪をブルーや紫に染めているのを不思議に思って、それを美容師さんに尋ねたことがあります。すると、

「皆さんがきれいに白い白髪になるわけじゃないんですよ。むしろ、黄色っぽくなってしまう人がほとんど。そんな方が、清潔感が欲しいからと、青系を入れて補正しているんです」

とのことでした。ああ、私これだ。

観察していると、グレイヘアが似合う人は、もともとの地毛が真っ黒で、私のよう

に生え際だけでなく、根元から毛先まですーっと全部白くなっています。また、色白で黒目がはっきりしている人が多いように思います。

もしかしたら、グレイヘアが似合う人って、皆さん元から美人なんじゃないでしょうか？　そんな人たちと、白茶色ヘアになってしまう私と、同列に考えて大丈夫でしょうか？　ナチュラルメイク、ナチュラル美人と、なんでもナチュラルがいいように言われていますが、あんまり真に受けると、私の場合、ソンをするような気がします……。

今は、ひっつめ髪の生え際の色が褪《あ》せてくると、月に一度ほど白髪染めをしています。地毛の色に合わせると、染料の色も薄く、すぐ色が抜けてしまうのが悩みですが、仕方がありません。

美容院で染めるとけっこうお高いので、ドラッグストアで売られている染髪剤も時々はさんでいます。ただ、セルフで染めると傷みやすいので、要注意です。

髪の量が減ってきた伯母や母は、部分かつらを持っていて、時々つけて見せてくれますが、驚くほど若返ります。彼女らに遺伝的形質の似ている私もきっと髪が減っていくでしょうから、参考にするつもりです。

自分の髪を使ったウイッグを作ってくれるサービスもあるそうです。手術前の自己血貯血のように、免疫反応（違和感）がないですから、これはいいのではないでしょうか。

「周囲の視線や、従来の常識、男性の押し付けに負けないで、ありのままのエイジングを楽しむ」

というのが、グレイヘアの精神だと思います。

とても共感しますし、カッコいいのですが、私の場合、それをやってしまうと、自分が楽しくないのです。全然グレイにならないし。

染めても黒々とはならず、若すぎてしまうこともないので、気力のあるうちは、面倒でもヘアケアだけは頑張ろうと思っています。

## 繕う・作る楽しさ　～できることを増やそう

子供が大きくなり、時間のゆとりができたせいでしょうか。それまでやってこなかった裁縫や、ちょっとした手芸に手を出すようになりました。

手仕事には憧れがあり、好きなのですが、なにしろ生まれつき不器用なため、「そんな贅沢《ぜいたく》なことをやっていたら、やるべき仕事が終わらない！」と、ずっとやりたい気持ちにフタをしてきました。

しかし、「修繕する」は別です。直せばまだ使えるものをみすみす捨てるのは仁義にもとる。穴の開いた靴下を（雑に）かがったり、すりきれたシャツやワンピース（服の数が少ないので、洗濯の頻度の高い夏物はすぐに傷むのです）を繕ったりするのは、「贅沢な」ことではありません。不器用なりに、できる限り修繕して、なるべく長く着るようにしていました。

今は、便利な修繕キットや補修グッズが手に入るし、インターネット上にもやり方が掲載されているので、いつしか、自分で繕えるものが次第に増えていきました。

傘のちょっとした破れや靴底のはがれ、網戸の張替え、鍋の取っ手のゆるみなど、以前なら修理屋さんに出したり、業者に依頼していたものも、できそうなものは自分で修繕するようにしています。

できることが増えることは、嬉しいものです。もちろん、プロに頼めばもっときれいに仕上がることはわかっているし、自分でできないものは、やはり依頼するのですが、それでも、**自分が使うものを自分の手で直せるというのは、小さな自信となって自分を支えてくれる**ような気がします。

時々、失敗もあります。古くなった財布を、自分で染め直そうとして、皮革用の染料で染めたところ、ひどいまだらになってしまい、使い物にならなくなってしまいました。染料分の損害が生じ、財布は捨てざるを得ませんでした。でも、これも勉強。

今は何でもネット上でやり方を学ぶことができて便利ですが、修繕のやり方を学ぶには、まだまだ十分ではありません。実際に目で見て、向きや手の動きを確認しないとわからないものはけっこうあります。自分でものを直すようになってからは、身近で行われる講座にこまめに参加して、知識の不足を補っています。

刃物店主催の包丁研ぎ教室や、ホームセンターで開催されている床や壁の補修講座など、ちょっと気をつけていれば、無料や格安の講座はいろいろ見つけることができます。本やネット情報だけではどうしてもわからないことも、プロの講師に尋ねることができるのでおすすめです。

「繕う」ことが楽しくなってくると、その延長で、それまであきらめていた「作る」にも手が伸びるようになってきました。これも、時間のゆとりができたおかげと、「繕う」ことで少し自信がついたおかげでしょうか。

たとえば、私がいつも家で履いている布ぞうり。蒸れずに履き心地がよく、とても気に入っています。お金を出せば買えますが、作ってみたくなり、チャレンジしたところ、これが楽しいのです。最初はヘタクソで、左右の大きさが揃わなかったりしましたが、いくつか作るうちに、次第にサマになってきました。

何しろ、材料費がほぼタダなのが魅力です。着なくなった服を、なるべく長くテープ状に裂いて、ビニールロープを芯にして編み込んで作ります。これなら、愛着があって捨てにくい服にも、もう一度命を与えることができるし、木綿や麻で作れば、洗濯機で洗えるからいつもサッパリと履けます。自分で作れるようになってよかったもの一つです。

これに気をよくして、最近ではなんと、洋裁教室に通い始めました。それも、自分で一から型紙を起こす正統派「文化式」のお教室です。憧れはあったものの、中学高校の家庭科で、さんざん失敗作を作ってきた私には一生できそうもないとあきらめていたのです。

しかし、以前取材した学校（東京の自由学園）では、女子は中学に上がると、学校で着る服を授業で作ることを聞きました。皆さん、自分でデザインした服をきちんと作れています。家庭科でも被服の扱いの比重が減っているため、自分で服を作れる一般の人はどんどん減っている中、貴重な授業です。

ＯＧの方によると、

「服の構造を知っているから、自分で服を買うときにも良しあしがわかる」

そうです。作り方を知っていれば、補修もできるようになるでしょう。この技術は、一生役に立つに違いありません。

思い切ってチャレンジしてみたものの、ミシンの使い方からしてなっていません。糸の掛け方を長年間違えていたことがわかったり、恥をかきながらの手習いですが、何しろただの長方形から起こした型紙は、すべて自分のサイズ。自分で選んだ生地で、自分の好みのデザインの服が作れるなんて、今どき、贅沢なことではないでしょうか。

まだまだ始めたばかりですが、家で着る服くらいは、自分で作れるようになればいいな、と思っています。

最近では、自転車サークルに所属している娘に、自転車の簡単な修理を教わっているし、できれば自動車のメンテナンスも少しはできるようになりたい。山で採れるつるや竹を使ってカゴも作ってみたい。やりたいことはますます増えていくのです。

## *できることが増えると、不安は減っていく

器用でもないのに、何でこんなにいろいろやりたがるかというと、一つは将来（老後）のためです。私もいよいよ、年金受給のことを考えなければならない年齢にさしかかってきましたが、聞こえてくるのは不安な話ばかり。

「95歳まで生きるとしたら、〇千万円が不足する」

などとまことしやかに言われたら、不安にもなろうというものです。

でも、今さらそんなにたくさんのお金を稼いだり、貯めたりするのはまっぴら。子

供の教育費も住宅ローンもほぼ終わったのだから、あとは最低限の備えを残して、なるべく身体の動くうちに人生を楽しみたい。だから、過剰に備える気はありません。

その代わり、自分でできることをできるだけ増やしていこうと思っています。作ること、繕うこと、今は何でもお金で買う時代。ですが、自分でできれば、その分出費は減るし、生活の質も下がりません。あとは健康さえ保てば、どうにかなると思っています。だって、100%万全な備えなんてできないもの。

2007年頃、千葉の山奥のギャラリーで行われたある展示を見に行きました。タイトルは、

「おじいちゃんの封筒」。

デザイナーの藤井咲子さんのおじいさまが、80歳から95歳までの期間、家にあった反古《ほご》紙を使って作ったという無数の封筒が展示されていました。

紙袋やチラシ、新聞紙など、素材はさまざまです。厚紙は薄く剥《は》がして、穴の開いた紙には継ぎをして、大切に大切に使われた紙たちは、不思議に温かい表情を持つ封筒に仕立てられていました。

おじいさまはそれを「作品」として制作していたわけではありません。ただ、その

ままでは捨てられていく紙たちを、もう一度何かに使えるように、有り余る時間の手すさびに作っておられたのだと思います。

市販の封筒のようにきれいではありませんが、数千枚あるという残された封筒の一部を見ていたら、なんだか心強い気持ちになってきました。

「何歳になっても、できることがあるし、できることが減っていっても、何かは残る」

私も、自分の手の中に、できることを一つでも身につけて、最後まで自分にできることをしようと思います。そういうものがあれば、きっとそんなに不安じゃない。何よりも、お金があろうがなかろうが、何歳になろうが、私、最後まで人生を楽しむつもりです。

## スケジュール帳を変えた

去年から、スケジュール帳のスタイルを変えました。

それまでは、自作の手帳か、「無印良品」で販売しているA5の手帳を自力でカスタマイズして使っていました。

「一生の間にやっておきたいこと」をざっくり書き出した後、「そのうち、今年中にやっておきたいこと」→「今月やっておきたいこと」→「今週やっておきたいこと」とその都度書き出し、「今日やること」と連動させていき、項目が完了したら線で消していくスタイルです。

一種の逆算方式で、やりたいことに締切を与えるやり方でした。この手帳の使い方で、仕事や趣味、楽しい集まりなど、いくつも成功させることができました。

しかし、更年期症状が出て以来、それまでより自分のパワーがかなり落ちてしまいました。「今週やっておきたいこと」も、「今月やっておきたいこと」も、なかなか線

で消すことができなくなり、

「積み残しが増えた……」

と感じるようになってきました。

手帳を開くたびに積み残しが常に目に入るのは、自分の衰えを感じて、寂しいものです。積み残しても、どんどん次の週、次の月に書き写して、気長に実践していけばいいとは思うものの、我知らず自分の不甲斐なさを責める気持ちが起きてきて、だんだんつらくなってしまいました。

体力に合わせて、仕事も少しずつ減らしてきたし、子供たちが成長して、以前よりセカセカしなくて済むようにもなった。今までのような「締切ありき」の手帳の書き方でなくてもいいんじゃないか？　と思いはじめ、試しに手帳のスタイルを変えてみることにしました。

以前は、「夢に締切を！」方式だったのですが、今回はもう締切は設定しません。「今、できることだけを、きちんとやる」を目標に、手帳には、せいぜい1週間以内にできそうなものだけを記載することにしました。

それも、直接書き込むのではなく、小さな付せんに書いたものを貼っていくのです。

使うのは、「ブロック・ウィークリー」タイプの手帳。

その週にやりたいことを付せんに書き込み、ページ頭のカレンダースペースにベタベタ貼っておきます。それを、前日の夜、翌日何をするか選んで、一日の欄の下に貼ります。実行できたら欄の上に貼り直して完了。できなかったら翌日、あるいはできそうなほかの日に付せんを移動させておきます。

項目は、付せんの色で分けてあり、
・黄色……やること（一般的なto do／掃除や振り込みなどの雑用）
・青……買うもの
・ピンク……作る、修理するなど手仕事系
・緑……仕事、勉強など、自分を作るための作業
という具合に決めています。

目標は、週の中で、ピンクと緑を少しずつ増やすことです。

このスタイルにしたところ、「できなかったこと」＝線が引かれていない「やろうと思っていた項目」はなくなり、「できたこと」＝「一日の欄の上に貼られた付せん」

だけがたまっていくことになりました。

それまでは、「やろうと思っていたのに今日もできなかった」「今日も何もせず一日が終わってしまった」とがっかりすることが少なくなかったのに、このスタイルにしてみると、何もやっていないと思っていても、意外にあれこれとto doをこなしていることに気がつくようになりました。そして、その数は決して少なくないのです。

「なんだ、意外と頑張ってたじゃん私！」

カラフルな付せんを見ると嬉しくなるし、また頑張る気持ちが湧いてきます。

実は、この付せん、一枚一枚は本当に小さなタスクなのです。「掃除」一つにしても、「掃除機かけ」「洗面所の鏡を磨く」「ベランダの落ち葉を掃く」など、細分化して一つの作業のハードルを下げています。だから、付せんの数がたまりやすいのです。**全体の作業量は大したことがなくても、たくさんの付せんを貼ることで、自分を鼓舞しているる**と言えるかもしれません。

ちなみに、スマホのスケジュールアプリも使っていますが、こちらはマンスリーの大まかな把握と、アラームとしてだけ利用しています。スマホも便利なのですが、手帳は1年を俯瞰して眺めるのに便利ですし、ページを開くたび、たまった付せんがページの中でヒラヒラしているのを見るのは格別に楽しいものですから。

「今、できることだけをきちんとやる」のは、いつ終わりが来るかわからないからです。やはり私も、いつか来る終わりの日が視界のはしっこにちらちらするようになってきました。

そのせいか最近では、「話題の最新スポット！」には全然興味が湧かず、「閉店してしまいそうな古い店」や、「建て替えが迫る昭和のビル」みたいなところばかり行くようになりました。そうやって、古いものを知らない若い人に、

「昔はこんなのがあったのよ！」

と自慢するのが、最近の楽しみです。

## 「積み残しが気にならない手帳」の作り方

**1. 小さい付せんに、その週にやりたいことを書く。**

（「to do」「買うもの」「手仕事系」「勉強」など、3～4項目に色分けするのがおすすめ）

**2. 手帳（ブロック・ウィークリータイプ）の**
**見開き頭のカレンダースペースに1の付せんを貼る。**

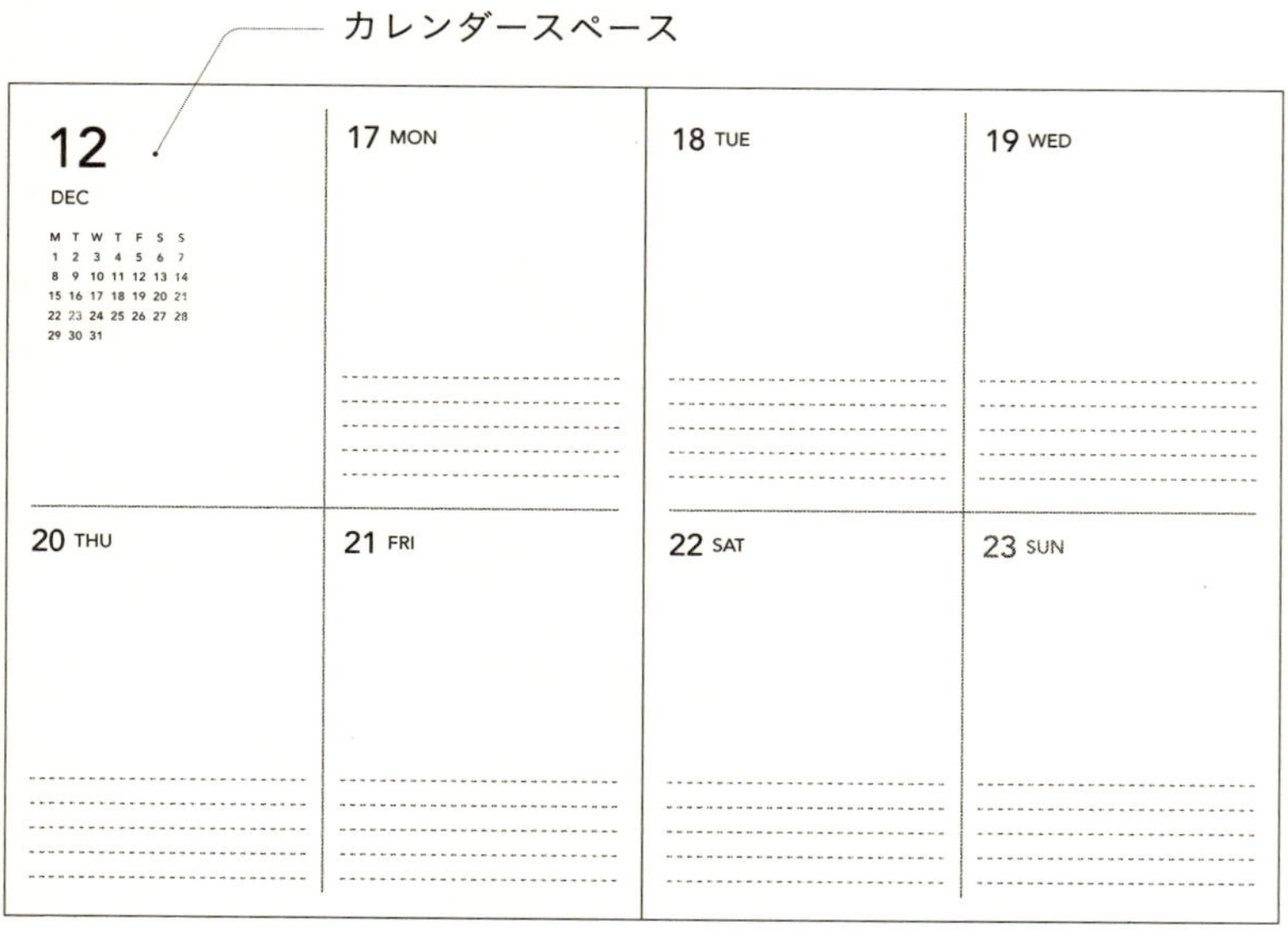

3. 2の中から、次の日にやることを選んで、
その付せんを1日の欄の下に貼る。

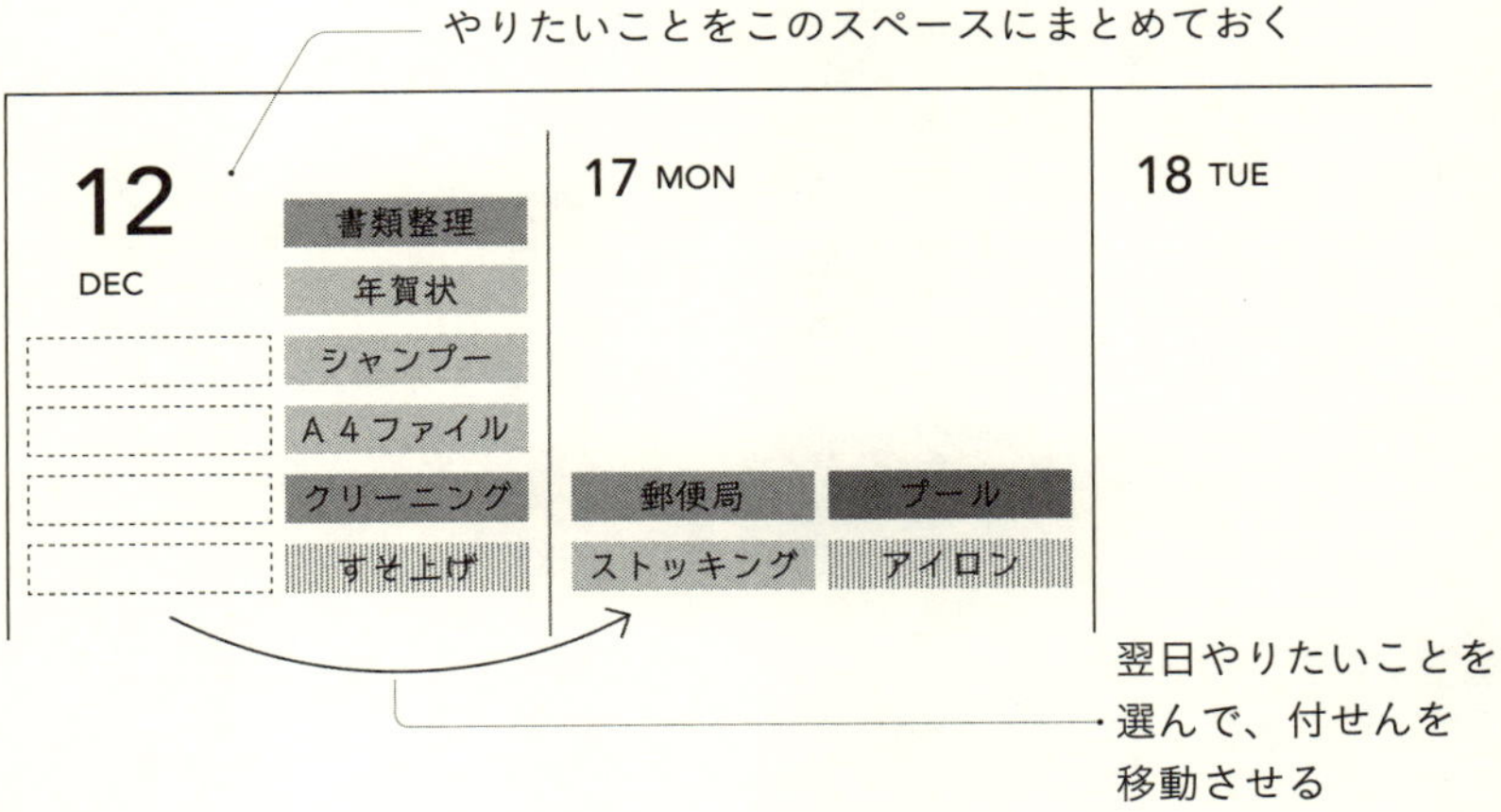


4. 実行できたら、付せんを欄の上部へ移動して完了。
できなかったら翌日以降に移動させておく。

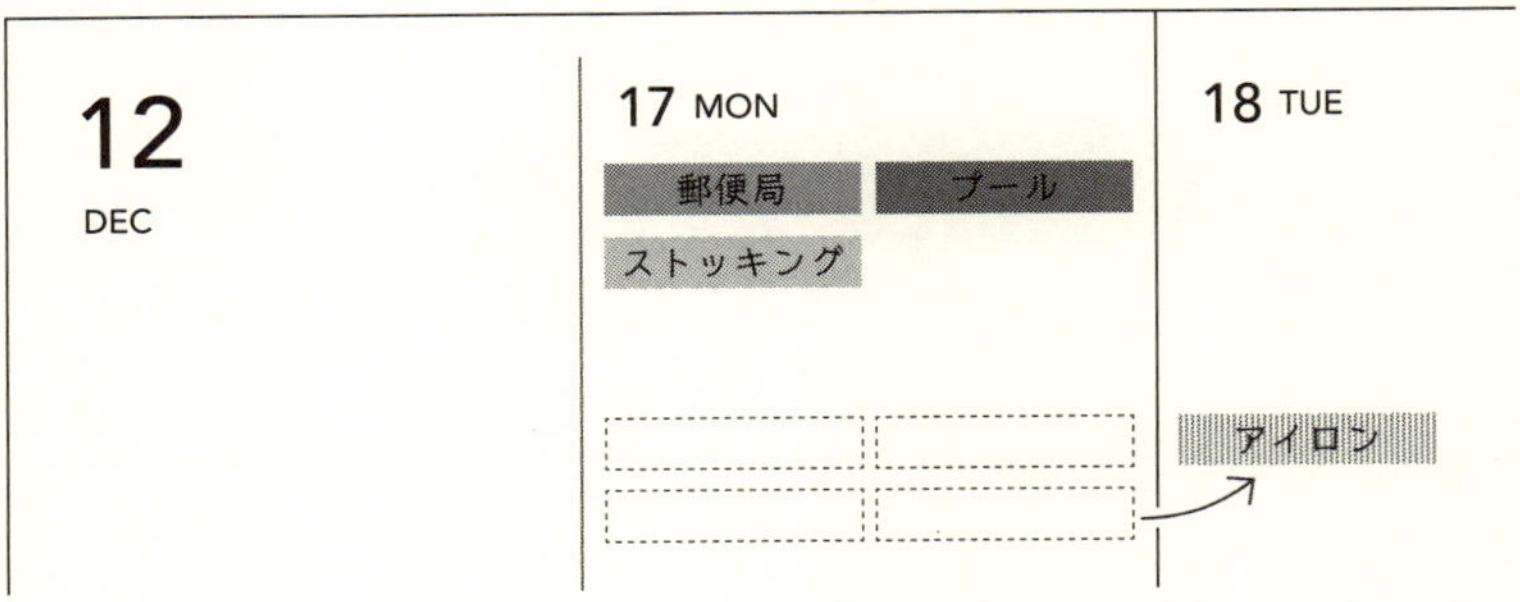

## 間取りの変遷 ～住まいにお金はかけない！

独身から結婚、子供が生まれ、その子たちが育つ。

どこに、どう住むか。「家」に対する考え方も、この30数年でさまざまに変化してきました。

**＊初期（子供幼児期）……家族みんなで広々暮らす**

・24年前、夫と二人で始めた生活は、40平米のアパート

・上の子が生まれて、56平米の部屋に移る

・上の子が年長さんになったタイミングで82平米の現在の集合住宅に引っ越し（以来16年の月日が経過）

本来は3ＬＤＫ（7・5畳、6畳×2、12畳の食堂兼居間）の間取りを、この頃は

「子供が小さいうちは広々と暮らしたい」

と、2LDKとして使っていました。リビングを広くとることによって、スポンジのボールでテニスごっこなどをして楽しむこともできました。

## *中期（子供学童期）……ピアノも子育ても仕事も！

・趣味がピアノの夫のため、私の実家にあったアップライトピアノを持ってくる（それまで使っていた電子ピアノと交換）。娘も息子もピアノを習い始めて、我が家におけるピアノの重要度が高まる
・LDKに組み立て式の防音室を設置し、そこへピアノを収納
・当初は家族全員で7・5畳に寝て、6畳が私の仕事部屋だった
・子供たちが学習机を持つようになると、7・5畳は子供部屋に、6畳が親の寝室になった。私の仕事場は、寝室の中の1畳足らずのスペースになった

最初は食べて、寝て、子供を遊ばせればよかった我が家の使い方も、家族の変化とともに変わってきました。

夫は仕事人間で、勤務するのは残業の多い職場。生ピアノにのめり込んだのは、仕事のストレスを忘れる効果もあったようです。

せっかく生ピアノが来たのに、帰宅時間の遅い夫はなかなかピアノを弾くことができません。消音装置を付け、ヘッドホンを装着して弾くようにしても、タッチが強いため打鍵の音が気になり、今度は私が落ち着きません。

そこで、LDKの中に組み立て式の防音室を設置。DKは狭くなりましたが、扉を閉め、後付けのサイレント機能を使えば、時間を問わずピアノを弾けます。これで、夫にも子供たちにも、楽しいピアノライフが可能になったわけです。

残ったのは、7・5畳と6畳の個室のみ。子供たちの成長にともない、私の仕事場は6畳の隅を有孔ボードで仕切った、1畳足らずのスペースになってしまいました。

幅80㎝に合わせた机を自分で作り、本棚やパソコンをパズルのように詰め込んだ、穴倉のような仕事場で、私はそれを「業界最狭の仕事場」と呼んでいましたが、ともかくこれで、82平米の我が家は、家族団らんのスペースと、音楽室と子供部屋、仕事場まで備えたことになります。これで当面は何とかなっていました。

ところが、やがて上の娘が文句を言うようになります。

「もう弟と同じ部屋はイヤだ！」

**＊後期〜現在（子供思春期〜）……収納をつぶし、子供部屋を二分割**

・7・5畳の部屋にあったウォークインクローゼットの壁を撤去し、居住空間を広げて子供部屋を二つに分割

・6畳の寝室兼仕事スペースはそのまま

異性のきょうだいですから、いずれこうなると思ってはいましたが、今さら部屋を増やすわけにもいきません。どうせあと10年かそこらで子供たちは出ていくので、住み替えをするつもりはありません。一部屋（10平米程度）多い物件は、中古でも現在の持ち家よりも1000万円近く高額です。それだけあれば、二人を私立大学に通わせることができます。なので、小規模リフォームで乗り切ることにしました。

7・5畳の隅には、1・5畳程度のウォークインクローゼットがありました。この壁を撤去して床面積を広げ、真ん中にはアコーディオンカーテンを取りつけ、天井付け照明を二つに増やしました。ひとり分のスペースは4畳強ですから、机とベッドと

本棚、小さなタンスは入ります。ちょうど学生寮のようです。家を出ていくまではこ

ここにいてもらいます。

空間は限られています。狭い空間にいくつもの機能を詰め込み、少々窮屈ではありますが、収納をつぶしても、部屋を分割しても、余計なものを持たないことでなんとか対応してきました。

お金も限られています。子供の教育資金の積み立てや旅行など、自分たちが重要と思うことに優先的に使いたい。そのため、住居にはなるべくお金をかけず、一刻も早くローンを完済しようと努めました。生活に変化が起きたら、その都度模様替えをしたり、小さな工事を入れてしのぐことにして、修理やペンキ塗りなど自分たちでできることは自分たちでやってきました。

これから数年で、子供たちは順次家を出ていくでしょう。きっと寂しいと思います。決して広くないこの家も、ガランとしてしまうでしょう。そうなったら、この家をもっと外に開くのもいいかもしれません。

私の育った家は、昔の農家の作りで、広い「土間」がありました。床は三和土《たたき》でできていて、農作業中の泥のついた足でも歩き回れます。テーブルと椅子、冬はストーブがあって、そこで食事もできるし、気軽な来客はそこでもてなします。半分家の中で、半分家の外のような、あいまいな領域。あれ、よかったな。

家の一部を、土足で上がれる土間のようにして、いつでも気軽に人に来てもらえるようにしたら楽しいでしょう。植物もたくさん置いて、本棚を並べて、小さなキッチンも作って——。そう考えたら、ちょっと楽しくなってきました。この夢も、実現できるといいな。

# 第4章

# 50代からの
# 人付き合い

# この人、こんなこと考えてたんだ

日曜の午後に、夫と二人、評判のいいお蕎麦屋《そば》さんを訪ねました。60年代のジャズが低く流れ、和モダンのインテリアも素敵です。角の立ったキリッとしたお蕎麦に、小洒落《こじゃれ》た一品料理。ちょっと日本酒でも頼みたい雰囲気（車なのでダメ）です。こういうお店、久しぶりだなあ。

ふと店内を見回すと、私たちと同年代の夫婦者が目立ちます。子供のないご夫婦もいるでしょうが、子供が大きくなり、ファミレスじゃないこんな店に来られるようになった、うちみたいな夫婦も多そうです。

子供のいる夫婦の場合、子供が小さいうちは、どこに行くにも何をするにも子供と一緒。夫婦の会話も、ほとんどが子供をはさんだコミュニケーションというケースも多いのではないでしょうか。

でも、子供が大きくなると、夫婦二人で過ごす時間が増え、間に子供のない会話が、また始まります。それを「新鮮」と感じるのか、「面倒くさい」と感じるのか。私たちは今、再入場のドアの前に立っているのです。もしかしたら、いちばん忙しい時期を過ぎた、子供のない夫婦にも、こんな時間が訪れているのかもしれませんね。

平日は、ごくまれに残業を免れた夫が早く帰宅しても、子供たちは部活やアルバイトでいない、などということが最近はよくあります。休日も、皆でドライブにでも出かけようかと声をかけても、子供たちはそれぞれに予定があり、ついて来ることはめっきり減りました。

夫婦二人で出かけるとき、夫婦二人で家に残されるとき、子供の加わらない会話は、お互いの話だけになります。職場でどんなことがあったか。ご近所さんの消息。職場のある街の噂。地元の商店街の開店情報。

こうした会話の端々に、

「えっ」

と思うことがしばしばあります。この人、こんなこと考えてたんだ？　こんなことが好きだったんだ？

私たちは結婚して24年になりますが、それでもお互いについて知らなかったこと、わからないことがたくさんあるのだと、この頃の会話で気がつくようになりました。子育てに忙しく、お互い自身のことを話す機会は、意外になかったのです。

若い頃、友達と一緒に小笠原の父島を訪ねたときのことです。ヨットハーバーを散策中、停泊中のヨットから出てきたひとりの女性と立ち話になりました。先ほどハワイから到着したばかりだというその女性は、私と友達を招じ入れて、ヨットの内部を見せてくれました。

そこはよく整理整頓されて、居心地のよい空間でした。出してくれたコーヒーには、ミルクと砂糖ではなく、コンデンスミルクが添えられています。

「こうすれば、少しでも荷物を少なくできるでしょ？　こんなに狭いけど、必要なものは全部積んでおかなくちゃ。コンビニなんてないんだもの」

微笑む女性は、夫と二人の船旅を続けているそうです。確かに、何もかもがコンパクトです。こんな小さなヨットで太平洋を横断できるなんて！　海にもヨットにも無知な私たちは、感心するばかりでした。

「ビルのような大波もあるんでしょう？　沈んだりしないんですか？」

「ふふふ、意外にどうにかなるのよ。それより、夫とケンカになったときの方がやっかいよ」

たった二人でヨットを操縦するためには、常にどちらかが起きて協力し合わなくてはなりません。太平洋のど真ん中で険悪な雰囲気になっても、出ていくこともできないのです。きっと、ことさら仲のよいご夫婦なんだろうなあと、独身の私たちはうっとり聞いていました。

このあと私は結婚して子供を授かり、20年以上の月日が経ちましたが、今でも時々、あのヨット乗りの女性の話を思い出します。ときに大波にも遭った結婚生活は、太平洋のヨットの旅のようだったと。重りのように船を安定させてくれていた子供たちがいなくなったら、この旅はどうなっていくのだろう？

片や、中年以降目覚めたにわかアウトドアおばさん。

こなた、ピアノと囲碁が趣味のインドアおじさん。

最初から、性格も趣味も体質もまるで違っていた私たちですが、20年以上一緒に暮らしていても、その違いは全然縮まりません。夫婦としてはまあまあ仲のいい方だと思いますが、将来夫が退職して、四六時中一緒に過ごすことになったら、どうなるのやら。

とはいえ、では、夫に自分と同じようになってほしいかといえば、そんなことはありません。自分が二人いても、面白くないでしょう。だいたい、私と同じ考え方の人間なんて、ぞっとしません。

そもそも、人は遺伝子的に最も遠い相手をパートナーとして選ぶといいます。自分と異なる要素をたくさん持つ相手との方が、多様な環境に適応できる子孫を残すことができるからでしょう。夫婦がことあるごとに意見が合わないのは、生物としてとても合理的なことなのですから、仕方ないですね。

旅行に行っても、私は山に登ったり、遺跡を見に行ったり、あちこち動き回りたいのに、夫は温泉に浸かってのんびりしたい。映画を見ても、私はＳＦやファンタジー要素の強いものを好むのに、夫は派手なアクションものが好き。私が楽しんでいるアウトドアも、夫には苦痛でしかないようです。

でも、食材探しのドライブは共有できるし、好きな料理や好きな音楽も近いので、おいしいお店には一緒に出掛けるし、よさそうなコンサートがあれば、チケットは二枚とります。要所要所で行動を共にできる相手がいるのは、やはりいいものです。

夫婦といっても、いろいろな形があります。年齢の離れた夫婦もいれば、同性の夫婦（夫夫、婦婦？）もいるでしょう。好みの合わない夫婦なんて、ざらにある話です。共に過ごす時間が増えたからといって、なんでもかんでも一緒に行動する必要はないと思います。

基本、**お互いの違いを認め合って、それぞれ好きに行動する。**

でも、**時々は「合流」して、一緒に楽しめることを探し、関係を長続きさせる。**

大事なのは、そこをよく話し合って、お互いにはっきりさせておくことだと思います。何十年連れ添っても、お互いの考えがすべてわかることは決してありませんから。

## 夫といかに家事をシェアするか

夫との時間が増えていくにつれ、気になってくるのが夫の家事参加です。これから先、まだまだ長い付き合いになるのなら、私が家事の大半を負担していた今までと同じと思ってもらっては困ります。

夫がいずれ退職し、互いに年をとり、大きく変わっていく生活に向けて、夫といかに家事をシェアするかを考えていかなければなりません。私が健康を害したり、先に死んだとき、子供たちに迷惑をかけるようでは最悪です。

夫も、家事を拒否しているわけではなく、私が忙しいときは何でもやってくれるのですが、あくまでリリーフであり、クオリティは低いままでした。作る料理といえば、「野菜炒め」と「カレー」限定だし、食器を洗えば裏に泡が残って床までびしょびしょ、洗濯物は必ず左右非対称に乾いています。

「やるだけまし」と思って黙って（いや、時々文句も言った）いますが、こういう家事を続けられてもストレスがたまります。しかし、こっちも忙しいし、夫の残業時間が減らない限り、夫の家事のクオリティを上げて対等にシェアすることは、物理的に無理に思われました。

そうこうするうち、夫に単身赴任の機会が訪れました。単身赴任といえば、料理をせず､外食ばかりしているうちに健康を害して戻ったという話を時々聞きます。また、二重生活で何かと生活コストがかかるのだから、少しは自炊もして食費をおさえてもらわないと困ります。

そういう意味で、単身赴任の家事の最優先事項はなんといっても食事作りです。転勤の直前には料理の短期特訓をしたり、簡単にできる最低限の料理レシピを小冊子にして持たせたりもしました。掃除洗濯は二の次です。

家では何もしないでゴロゴロしている夫を、子供たちは、

「お父さん、栄養不足とホコリで病気になっちゃうんじゃないの？　大丈夫かな⁉」

と心配しました。

引っ越しから数か月、家族で様子を見に行きました。おそるおそる部屋に入ると、

隅に綿ボコリがたまり、冷蔵庫にはマヨネーズと醤油《しょうゆ》しかありませんでしたが、思ったほどひどいことにはなっていませんでした。

ゴミもためず、洗濯も毎日しています。シャツにアイロンをかけなくても、徒歩3分の職場では、会社支給の上着さえ着ていればいいとのこと。そして何と、毎日自炊していました。周囲に店が少ないこともあり、外食はよほどのことがないとしないそうです。コンビニ弁当はもともと嫌いで食べません。

自炊の内容を聞くと、以下のごとくでした。

朝　ごはんを炊き、野菜の味噌汁を作る。肉と野菜の炒め物をたくさん作る。

昼　徒歩3分の職場からアパートに戻り、朝の残りものを食べる。

夜　朝の残りものがあればそれを食べる。なければ焼き魚と冷奴などを作る。

料理のバリエーションも食材の種類も少ないものの、栄養素的にはまあまあ及第点です。体調も悪化していません。

ここでの生活ぶりを見て、私はそれまでの夫の家事に対する評価を反省しました。

「今まで、何もできないと決めつけていたけれど、ゴミ屋敷にもなっていないし、自炊して健康も害していない。これは、〝生存のための家事〟としては合格レベルだ。これなら、私が先に死んでもそこそこ快適に暮らしていけるだろう。私は今まで、夫に不当に高度な能力を要求していたのではないだろうか？」

夫には、生きていけるだけの家事能力がありました。自宅では、それを実践する時間と機会がなかっただけだったのです。

夫は、掃除はしますが、たまにでいいのです。

洗濯もしますが、アイロンはかけなくていいのです。

料理もしますが、毎食同じメニューでもいいのです。

ところが私は、カレーと野菜炒め以外の料理も作って、お皿は裏もきれいに洗って、床も拭いて……と、自分が望む家事を、夫にも（自発的に）やってほしいと思っていました。でもそれは（あまりレベルが高くないけれど）、夫にとっては「趣味の家事」だったのではないだろうか？

単身赴任を終えて、夫が家に戻ってからも、家事をめぐる小さなバトルは時たま起きますが、以前よりはっきり少なくなりました。これは、夫と私の家事イメージの違いを私が理解し、ある程度受け入れたためだと思います。

考えてみれば、夫が私に、家事のことで不満を言ったことはありません。それは、私の家事能力が高度で満足度が高いからというより、夫の家事に対する要求度がもともと低いからなのです。だから、私が今より家事の水準を下げても、夫は文句を言わないだろうし、もしかしたら気がつきもしないかもしれません。

しかし、私はといえば、彼と同じ家事のレベル（毎日野菜炒め）で暮らすのは楽しくありません。だから私は私のやり方で家事をする。でも、それを彼に強要するのはもうやめました。これは私の趣味なのですから。

夫婦が同じように家事を負担するのは理想だけれど、二人にはそれぞれ暮らしに対する違うイメージがある。それをすり合わせても重なるとは限りません。

たとえば、描くのが円であれば、「同じ大きさの円」を描くことができなくても、「同心円」（中心が同じ位置にある2つ以上の円）になればいいんじゃないか。そんな風に考えるようになったら、夫の家事への許容度も上がりました。

彼の家事は相変わらずで、まだまだ自主性もありませんが、以前よりも少しずつ、

何にせよ、やってくれることが増えました。最近は、食器の洗い残しも減っています。ある程度の回数をこなせば、だんだん上達するものです。

「自分と同じようにやってほしい」とは思いませんが、「夫なりにレベルを上げてくれていったらいいな」と、何も言わずに見守っています。

## 家族のモノとの付き合い方

夫に先日、

「俺のあの本知らない？　見当たらないんだけど、捨てちゃったの？」

と聞かれたので、

「あれならホラ、ここに」

と、押し入れの奥の奥にしまい込んでいた本の箱を出してきました。

「ああよかった、急に必要になったからさ」

その箱の本は、私たちが結婚した当初からありました。理工書、それも大学の教科書で、かなり古いものです。

我が家の書棚の中で、けっこうなスペースを占めていたそれらを前に、20数年前、

「ねえ、これまだ要るの？」

と夫に尋ねたとき、

「うん、要る」

という返事が返ってきたのですが、正直、彼がそれらを開いているのを一度も見たことがありません。

書棚のスペースがもったいないので、こっそり箱に詰め、押し入れの奥に移動させていたのでした。

こうして、家の隅っこに移動させることはありますが、私は基本的に夫のものを勝手に捨てることはしません。夫とはいえ自分ではない人のものなのですから、きっとトラブルになります。それがどんなにつまらないものに見えても。

これと同様に、子供のものも勝手に捨てることもしません。必ず、

「これ要るの？」

と尋ねるようにしています。子供とはいえ、勝手に処分する権利はありませんし、そんなことをしたら彼らも傷つくでしょう。

家族であっても、自分以外の人の持ち物は、たいして重要には見えないものです。使いもせず、大事にしている様子もなく、部屋の中に積み上げてあったら、スペースの無駄遣いに見え、鬱陶しく感じるでしょう。

でも、だからといって断りもなく捨ててしまうのはよくないと思います。ものは単なるものですが、一方で、ものはいつも、所有者と一体だからです。

視力の低い人にとって、眼鏡とその人は一体です。

外出するとき、靴とその人は一体です。

これらのものは、文字通り身体の一部であり、それなしには一歩も動けない、生活が成り立たないから必要なのです。

眼鏡や靴がなければ困るのは、誰にでもわかる合理的な理由ですが、こういった必需品ではなく、たとえば空き箱だとか、壊れたおもちゃのような役に立たないものであっても、持ち主が、

「これは要る。捨てたくない」

と思う限りにおいて、それもまたその人と一体なのかもしれません。

他人（家族であっても）には、

「どうしてあんなつまらないものを、いつまでも持っていたがるんだろう」

と不思議に思えます。そんなものに、一緒に暮らしている自分のスペースまで侵されれば、不愉快に感じるでしょう。

でも、（限度はありますが）**その人と一緒に暮らすことは、その人と一体となっているものも、同時に受け入れることなのではないか**と思うのです。

家の中をスッキリしておきたいからと、家族のものを何でもかんでもポイポイ捨てたりすれば、家族との関係まで損ねかねないのではないでしょうか。

あるとき、テレビ番組に出演する機会がありました。

簡単にできる片づけについて、ものの捨て方について、少しだけお話しさせていただきました。そのとき、アナウンサーの方が、

「家族がものを捨てずに困っているときは、どうすれば？」

とお聞きになったので、

「お話し合いになって。勝手に捨てるのはよくないと思いますよ」

と言いましたら、司会者のおひとりが、

「そうですよ！」

と大きくうなずかれたので、アレッと思いました。後で過去記事を見てみると、その方がその頃、離婚されたばかりの元奥様に、大切にしていた私物を勝手に捨てられ

て、トラブルになっていたことがわかって納得したのです。

勝手に捨てるのはよくありませんが、ものがいっぱいで生活に支障をきたすのはやはり困ります。どうにかしなければなりません。

子供なら、ものを捨てたがらなかったとしても、ある程度親が諭して管理することもできますし、子供はいずれ家を出ます。家を出てなお実家を物置代わりに使う子供も少なくありませんが、そういうものを置いておいてやる義理はないと思います。

そこへいくと、夫はタイヘン。広からぬ家にものをため込み、捨てようとしない夫を、現実と折り合うところまで説得しなければなりません。感情的になるとうまくいかないので、話し合いは冷静に。どうしてそれを捨てたくないのか、持っていたいのか、丁寧に聴いたうえで、持ち続けるデメリットについてきちんと説明することが必要です。

しかし、最終的に明確な答えが出てこず、

「それでもなんでも、捨てたくないの！」

と彼が言い張るなら、ある程度受け入れることは必要なのだと思います。もちろん、邪魔ですし、鬱陶しいでしょう。でも、それが彼の一部なら、ぐっとこらえて引き受けるしかありません。まあ、毒を食らわば皿までです。

どうしても邪魔だったり、室内を圧迫して危険だったりするなら、こっそり箱に詰めて屋根裏や押し入れの奥に詰め込んでおきましょう。トランクルームに送り、賃貸料を彼に請求してもいいかもしれません。でも、できるならば、なるべく、勝手に捨てることのないように……。

## 親との関係

私が50代なのだから、親もまたそれなりに年をとってきました。

父は10年前に亡くなり、母は80代になりました。

80代にしては、母は大病をしたこともなく、比較的健康を保っています。口が達者で、今でも私たちとの口喧嘩にはファイト満々です。

とはいえ、やはり少しずつ衰えの見えてきたこの頃、もともと片づけが苦手な母、家のあちこちの掃除が行き届かなくなってきました。さすがにそれはイヤなようで、時々、地元に住む姪（私にとっては従妹）に頼んで手伝ってもらっているようです。

しかし、姪も忙しい身ですから、しょっちゅうというわけにはいきません。ちょうど掃除をためている頃に私が帰省すると、これ幸いと、

「あそこ掃除して、ここきれいにして」

と言いつけてくることがあります。

片づけに関する本も書いている私ですが、もとはといえばこの母と実家にその原点があるのでした。新し物好きで、どんどんモノを買うけれど、片づけのことは考えず、モノが増えたら収納を増やせばいいという高度成長期思考の母。彼女を見ていて、つくづく「モノがたくさんある家はイヤだー！」という考えがしみついたのです。

母に頼まれたとあれば、その程度の親孝行、したいのは山々です。しかし、掃除をするためには、その辺に雑然と散らかったモノを片づけなければなりません。ところが、私が整理分類して片づけようとすると、母は必ずピシャリと言うのです。

「モノを捨てるな！　あんたはなんでもかんでも捨てちゃうんだから。どれも要るんだよ。片づけなくたっていい！　掃除だけすればいいよ！」

ここが、私と母がいつも喧嘩になるポイントなのです。

昔からわかっていたのですが、母は「掃除」と「片づけ」を完全に混同しています。

母が漠然と抱いているイメージはどうやら、

「今あるモノの位置をまったく動かすことなく、汚れだけをとってほしい」

ということなのですが、

「どうやってそんなことができるんだ⁉」

と、私はいつもカッとなってしまうのです。
母のモノの置き方、収納の仕方は以下の通りです。
・いつも使うものは、なるべく出しっぱなしにして、探す手間を省きたい。
↓棚やテーブルの隅に、薬・新聞・眼鏡・化粧品・文具・書類などが、分類することなく並べてある
・使っていないモノは、使い道がなくても、とりあえず収納の中にしまい込む
↓収納の中に死蔵品がいっぱい。また、いざ使いたいときも、どこにしまったかわからず出てこない
・収納がいっぱいになったら、新たな収納家具を買ってくる
↓統一感のない中途半端な収納家具が増えていく

こう書いていくと実にカッコ悪い実家ですが、あの強力な母に私が勝つことは一生ないと思うので、たぶん実家はずっとあのままでしょう。

以前は私も、モノを減らすことが母のためになるはずと思い、モノを減らしたり、片づけたりを勝手にやっていた時期がありました。しかし、そのたびに母は激怒し、

「余計なお世話だわ！」

と不機嫌になるだけでした。

モノを減らして動線を確保すれば安全だし、使わないモノをため込む無意味な行動をやめれば、生活空間をもっと活用できるし、何より見た目がスッキリして美しいではないか？　私は間違っているか？？

と、母と衝突を繰り返してきた私ですが、50歳になる頃から、ある程度あきらめの境地に達しました。

親との付き合い方も、自分の年齢とともに変わっていきます。

子供の頃は、保護される存在であると同時に、親の言う通りにしなければならず、成長とともにぶつかり合うことも増えていきました。やがて自分が大人になり、親は年をとり、次第に親を保護する立場に変わってきました。

こうなると、かつて親が自分たちに対してしていたように、支配的な態度をとりがちです。私が母の家を片づけようとしていたのが、まさにこれでした。

私は、母のためによかれと思ってあれこれ画策して片づけようとしていましたが、それは一種の支配だったかもしれません。母はそんなことを望んでいなかったのです。

実家は母のテリトリーであり、母には母の使い勝手があり、美意識（？）があるのです。それがどんなに妙ちくりんで不合理なものであろうとも、あの家はあれでいいのです。その上で、少しだけ掃除を手伝ってやれば、母は十分満足なのです。

私がやろうとしていたことは、自分がやりたかったからといって、子供がやりたくもないバレエを習わせたり、着たくもないフリフリドレスを着せようとするようなものだったのかもしれません。母には母の生き方がある。母の意思の及ぶ最期まで、そこに立ち入るべきではないのです。私は50にしてやっと、母と自分を切り離すことができたのかもしれません。

幸い、田舎なので家がむやみと広く、母の片づけ下手にもかかわらず、あまり散らかって見えませんが、都会の実家で、親御さんのため込んだ大量のモノに困っている方は多いことでしょう。

実際、そういう悩みは多く、中には、常軌を逸したスケールの散らかり方に困っている人もいます。その原因が認知症にあった場合、福祉や医療の専門家の協力が必要な場合もあるかもしれません。

しかし、そうではなく、単なる性格や生活習慣のためで、子供の協力を必要としていないなら、実家をきれいにしようと過剰に介入したり、悩む必要はないのではないでしょうか。

ただ、私たちも手をこまぬいているわけではありません。使わないものをため込む母の唯一の片づけモチベーションは「もったいない」です。使い道さえあれば、ため込んだモノをどんどん提供してくれます。

私と妹は、母がため込んだタオルや洗剤、古着の類を、

「これいいね！　ちょうだい」

「足りなくなっちゃったからもらっていく」

などと言っては持ちだし、実際に使わなくても、バザーに寄付したり、ひそかに資源ゴミに出したりしてじわじわ減らしています。

今では、母と戦うことはせず、

「持ちたきゃ、いくらでも持つがいい。満足しているがいい。最期は片づけてやるよ」

（その代わり、片づけやすいように、こっそり減らしておくよ）

と思っている私たちです。

## 50代の友達付き合い

50代にもなると、交友関係もある程度固定してきます。

ご近所付き合い、子供の親同士の交流、所属する団体やサークルなどの交友。若い頃と違って、どれも新しい付き合いはあまり発生せず、今までの延長です。

それを、

「ずっと変わらぬお付き合い」

と思っていたら、知らずしらず疎遠になる人付き合いが増えてきました。

何しろ、お知らせもメールやＬＩＮＥで回ってくる時代、何となく近況は知っていても、実際に顔を合わせることはまれです。つい最近も、すぐ近くのご近所さんと出くわして立ち話をしたら、半年以上ぶりだったことに後で気づきました。便利な時代は、気をつけないと、だんだん人に会わなくなるようです。

しかし、今や国民の7割が利用していると言われるＳＮＳには、新しい友達を連れてくるという利点もあります。

人間関係が固定しがちな50代でも、ＳＮＳをやっていることで、友達の友達と自然に知り合えることがあります。友達の投稿のコメント欄で知り合った人と、いつの間にか意気投合していたり、実際に会う機会が生じたりするのは、ＳＮＳの面白いところですね。

「どんな有名な人でも、６人を経ればたどり着ける」

と言われています。たとえば、著名な作家やスポーツ選手であっても、

「その人により近そうな人」

「さらに近そうな人」

とたどっていくと、６人目にはその人の「友達」に当たるのだそうです（実際にお付き合いのある人かどうかは不明）。つまり、私たちが思っているより、社会は狭く、いろいろな人と知り合う可能性に満ちている、ということなのでしょう。

私も、友達の友達から友達になった友達がいます。しかも、普通に生活していたら決して出会うことのないような興味深い人や、まったく異業種の人などです。こんな出会いを与えてくれるＳＮＳは、ほんとうに面白いと思います。

最初は、ＳＮＳで出会ったということから、何となく遠慮がありますが、実際に会って、話が盛り上がってみると、もうそんな気持ちは吹き飛んでしまいます。気がつけば、

「あれ？　この人とどこでいつ会ったんだっけ？」

と、きっかけなんてどうでもよくなってしまうのです。

ＳＮＳのメリットはもう一つ。人間関係の地層の下の方から、昔の交友が急浮上してくることがあることです。

Facebookでよく起きることですが、

「知り合いではありませんか？」

と表示される人物の中に、思わぬ懐かしい顔が現れることがあります。小学校の同級生や、引っ越し前の仲良しなど、すっかり忘れていたけれど、会いたい！　と思う昔の友達です。

私自身、この〝急浮上〟によって、何人もの昔の友達と再会することができました。そのため、私のFacebookは、毎晩同窓会状態です。

子育てが終わった者もいれば、結婚を卒業した者も、あるいはシングルを謳歌しながら仕事や学問を追究する者、かつて同じ教室で学んだ者同士の、数十年後の人生が交錯する人生の初秋。時には実際に会って、旧交を温め合っています。こんなことが可能になるなんて、いい時代だなと思います。

とはいえ、SNSの交友といえどバラ色とは限りません。旧友であればあまり問題はありませんが、未知の人とリアルに会えば、それはもうリアルな友達。ネットでは見えなかったいやな部分を見ることがあるかもしれないし、お付き合いすることには、必ず責任が生じます。

時々見るのは、LINEで打ち合わせや会議をしているうちに話がこじれ、せっかくうまくいっていた交流が気まずくなってしまうケース。どうしてこんなことになってしまうのでしょうか。

LINEに限らず、SNSはテキスト（文章）による情報交換です。言葉のやりとりなのですから、普通の打ち合わせと変わらないように思ってしまいますが、そこからは多くの豊かな情報が抜け落ちています。

表情、声の調子、視線、身体の向きや動き。言葉はときとして逆の意味を持ちます。それを補正するのが三次元の情報なのですが、ＳＮＳにそれらは反映されません。テレビ電話であれば、ある程度補正はされるかもしれませんが、やはり同じ場所で同時に会話するリアルに比べれば、情報量が圧倒的に不足してしまいます。

情報、情報といいますが、テキストより、電話より、FaceTimeより、

「今、ここに一緒にいる」

ことが最も情報量が多いのです。特に、声のトーンも表情もない単なるテキストでは、自分の言いたいこと、相手の言いたいことが十分に交換できるはずもありません。ＳＮＳで知り合った友達であっても、リアルのお付き合いは慎重にならなければと思うゆえんです。

ところで、私にはリアルの友達付き合いとは別の、ひそかな楽しみがあります。

「脳内同窓会」

と名付けている遊びです。

自分と同じ学年（年齢）の有名人を集めて、妄想の中で同窓会を開くのです。私の仮想同級生は、かつてファンだった薬師丸ひろ子さん、阿部寛さん、出川哲朗さんな

ど。

「ひろ子ちゃん、お肌きれい！　お化粧品何使ってるの？」

「阿部ちゃん、相変わらず電車の入り口でおでこぶつけてんの？」

「出川くん、もう年なんだから、あんまり無理しちゃダメだよ」

芸能界で活躍する〝同級生〟に励みをもらいつつ、心の中でおしゃべりを楽しんでいます。

## 自分との付き合いが終わるとき

「えっ。○君亡くなったの」

「うん。俺と××で、葬儀に行ってきたんだ」

「入院していたんだよね、それは聞いていたけど、亡くなったとは……」

先頃行われた中学の同窓会で、隅の方からこんな囁《ささや》き声が聞こえてきました。

50代に入ると、同年代で亡くなる人もぼつぼつ出てきます。人生100年時代、あまりにも短いと思ってしまいますが、日本人の寿命は、戦前では50歳にも満たなかったのです。長寿社会とはいえ、同級生が亡くなってもおかしくない年頃になったのだと知りました。

人との付き合いのうち、いちばん最後まで残るのが自分との付き合いです。私自身もそろそろ、それが終わるときについて考えなければならない時期にさしかかったようです。

葬儀をどうするか、お墓をどうするかなんて、40代までは考えもしないことでした。何しろ、目の前の生活と、子供を育てることで頭がいっぱいですから。ところが50代になると、死は俄然、現実味を帯びたテーマになります。

以前、墓参りをした墓地で、ある区画に、

「新規購入可能」

と書かれた札が立てられているのを見て、驚きました。

その墓地はかなり古く、隅々までぎっしりと墓石が立ち並ぶ、大規模なものです。その札が立っている場所は、両隣を古いお墓に囲まれており、つい最近まで、古い墓石が建っていたはずです。新規に区画を作ることは不可能に思われました。

「えっ、これ、更地ってこと？　お墓の中古物件ってあるの⁉」

と、思わず素っ頓狂な声を出した私に、周囲の年配者は、

「管理費が支払われなくなって、一定の期間が経つと、〝この墓は撤去しますよ〟と告知し、それでも管理費が支払われなければ、更地にして遺骨は合葬されるんだよ」

と教えてくれました。

お墓と言えば「先祖代々之墓」と刻まれた御影石《みかげいし》で、一度建てたら永遠に残るものと思い込んでいた私にとって、管理する者がなくなったお墓が消滅してしまうという事実はショックでした。

しかし、少子化の傾向からみても、子供を持たない夫婦はこれからも増えるでしょう。子供をもうけても、海外に移住するなどで、お墓を継承できないかもしれません。価値観の多様化により、お墓を持たない人は今後増えていくことが予想されます。子々孫々、墓や仏壇を継承するということは、もう現実的ではないのかもしれません。

そもそも、一般庶民が家ごとの墓を持つようになった歴史そのものが、せいぜい大正時代からで、100年程度と浅いのです。

自分がいつ、どのように死ぬかということはさて置いて、葬儀もお墓も、自分の思い通りにすることは不可能です。私の場合、そもそも特にこうしてほしいという希望もありません。最近は葬儀なしで火葬に付す「直葬」も増えていて、これでも全然かまいません。

しかし、自分の親たちが同じことを言ったら、その通りにできる自信はなく、葬送の指針がないことは、遺された者にとっては迷惑かもしれないので、ある程度家族に希望を遺しておくつもりです。現時点では以下のような希望を持っています。

・現在のところ、葬儀の第一希望は、バルーン葬です。

（遺灰を風船に入れ、高高度まで飛ばしたのち成層圏で破裂させる。遺灰はジェット気流に乗って地球を周回する）

・75歳より前に死んだら、お世話になった人にはハガキなどでお知らせをお願いします。文面と宛先は作成しておきます。75歳を過ぎていたら、それもしなくて結構です。

・バルーン葬にしてもらえば、お墓も不要なのですが、従来型の葬儀で火葬した場合、遺骨が残るので、取り扱いは、その時点の法律に従ってください。

古いお墓には趣があり、著名な文化人のお墓などをお参りするのはいいものです。こうした方がお墓を遺されるのは、後世のためになると思います。

しかし、私には、存在したことを石のお墓を建てて世に広く知らせる意味があまりありません。むしろ、家族や子孫にだけ、その人生を簡略に残し伝えるのが親切ではないかと思います。

そこで、私は石のお墓の代わりに、自分の略歴を書き残しておくつもりで、それを自分の墓標にしたいと思っています。

それは、ほぼ履歴書と同じ様式で、感傷的な記述や美化は避け、動詞と名詞で事実のみを書き、なるべく形容詞や副詞を排す予定です。可能なものは、公的な文書なども添える予定です。

特に、体質や体格、病歴については詳しく書き、子孫の健康管理に役立ててもらいたいとも思っています。データでもいいですが、必ず一部は印刷して紙にしたものを。おそらく、紙の方が長く残るでしょうから。

最近になって、死について、お墓について、具体的なイメージが湧いてくるようになったのは、やはり近しい人を何人か見送ったからだと思います。年齢を重ね、死が具体的になると、恐れる気持ちが薄らいでいくのは、意外ですが面白い現象です。

昭和の昔、丹波哲郎さんという俳優さんがいました。『砂の器』『二百三高地』といった重厚な作品に出演した名優でしたが、なぜか心霊研究に没頭し、心霊本をたくさん出版して、皆を楽しませたり不思議がらせたりしていました。

私は彼がとても好きでしたが、心霊研究についてはあまり信じていません。しかし、彼が遺したこの言葉が今でも気に入っています。

「わたしは死ぬのが楽しみだ」

# 第5章

# これからの人生

## ～「私の生きた証」って？～

## おばさんのグラデーション

近頃では、30歳になる前から「アラサー」、40歳になる前から「アラフォー」などと言うようになりました。そのため、20代の終わりにはもう30代に、30代の終わりにはもう40代になったような気がしてしまい、実際に「大台」に乗っても、さしたる感慨がありません。40代になったからといって、何かの儀式があるわけではありませんから、基本的に気持ちは30代のままです。

私自身も口では、

「もう40よ、おばさんよぉ」

と言ってはいましたが、正直自覚はありません。まだまだほんもののおばさんじゃないもんね、そう思い込んでいました。

しかし、鈍いメンタルとは裏腹に、フィジカルは実に正確に年齢を把握しているようです。

私の場合、最初の変化が訪れたのは、42歳の頃でした。それまで、「朝起きてすぐに歯を磨く人」が不思議でなりませんでした。歯を磨くなら食事をしてからの方が意味があるんじゃないの？

ところが、あるときから突然、その気持ちがわかるようになったのです。朝起きたとき、口の中がなんだかすっきりしない。粘つくような、渇いたようなイヤな感じがする。歯を磨いてさっぱりしたい！　でも、ごはん前なのに、なんでだろう……？

わからないまま過ごしていたある日、造り酒屋さんが開催する「酒蔵の見学会」に参加する機会がありました。日本酒の製造過程を見るのは初めてで、蒸しあがった大量のお米や大きなタンクなど、興味深いものがいっぱいです。

そのとき、蔵の責任者の方が面白い話をしてくれました。

「日本酒の原型は、米を口で噛んで、唾液によって発酵させた〝口噛みの酒〟です。これは古来、若い女性が行うものとされてきました。現在ではこの製造法はなくなりましたが、私たちはあるとき、〝口噛みの酒〟を造ってみたのです。

そのとき、若い女性だけでなく、中年男性にもやらせてみました。結果はどうなったか。女性の醸した米は見事酒になりましたが、男性の醸した米は、すべて腐ってしまったのです」

確かに、ワインを作る際、葡萄《ぶどう》を足で踏むのも、若い女性の仕事と決まっていたようですし、お酒を造るのは女性が適しているということなのでしょうか？

このとき、責任者の方は、こうも言っていました。

「男性でも、10歳以下の男の子が醸した米は、酒になりました」

となれば、お酒が正常に発酵するのは、醸したのが女性だからというより、「醸した人が若かったから」ではないでしょうか。

皮膚にも体内にも、人間の身体には膨大な数の菌が棲んでいて、それは住む場所や食べるもの、年齢によってさまざまに変化するといいます。赤ちゃんや子供はいい匂いがします。あれは、若い人の身体に棲んでいる菌特有の香りなのかもしれません。

「発酵」と「腐敗」は、どちらも菌の働きによるもので、両者を区別するのはひとえに、「人間の役に立つかどうか」だけです。若い人に棲む若々しい菌は発酵に適しており、年をとった者の菌は、腐敗を招くということなのでしょうか。

本体が老いれば、本体と共生する菌もまた老いていくのが道理です。目覚めたとき、口の中がすっきりしなくなったのは、私の口の中に棲む菌が変化したからなのだ、そしてそれは加齢のせいなのだと、このとき初めて思い当たりました。

「(女性だけど)今の私に、口噛みの酒は作れないに違いない……」

これが、自分がおばさんになったことをはっきり知った最初です。

視力が衰えはじめ、目だけは良かった私が老眼鏡(商品名は「リーディンググラス」でした)を作ったのもこの頃でした。私のおばさん第一期は42歳ということになります。この頃はまだ、視力以外は元気いっぱいでした。

そして、更年期症状が現れたのが46歳の頃。52歳で閉経を迎えた頃から、次第にだるさが軽減していき、54歳の現在、すこぶる快調です。

おばさんを自覚してから10余年。体調のアップダウンはあるものの、おばさん度は少しずつ深化しつつあります。

おばさん初期にはまだついていけていたアイドルの名前などはもはや覚える前に消えていくし、流行のお菓子(今はスイーツと言う)が食べたいとも思いません。こうしておばさん色のグラデーションは次第に濃くなっていくようです。

　時々は、若い友人や娘に、最新流行の解説を乞うたりもしていますが、すぐに消えていく流行りものはやはり、若い人のもの。楽しそうですが、本気でついていこうとは思いません。

　おばさんのグラデーションはこれからも濃くなっていき、私もやがておばあさんになっていきます。しかし、キャッシュレス経済やIoT（モノのインターネット）、再生医療や海洋プラスチックごみなど、将来につながる話題については、頑張ってついていかなくてはならないと思っています。

　ついていけない話題については素直にあきらめますが、ついていくべきテーマは見失わず、おばあさんになってもキャッチアップしていけるように頑張るつもりです。

## 第二の人生なんてない

電車に乗っていても、商業施設で買い物をしていても、昼間は特に、高齢者の姿が目立つようになりました。

日本は今や、65歳以上の人口の比率が25％を超えた、「超高齢社会」。

「人生１００年時代」は現実になっていくのかもしれません。

でも、それを聞いて喜んでいる人はいません。

「働けなくなってからそんなに生きるなら、人生前半を全部、老後のために働かなきゃならなくなる。我々は、老後のために生まれてきたのか？」

うっかり長生き「してしまう」ことを、みんな恐れています。

東京工業大学名誉教授の本川《もとかわ》達雄さんは、産経新聞『１００歳時代プロジェクト』のインタビューで、

「50歳以降の人生というのは、医療や技術によって作られた特別な時間」

と述べています。

確かに、哺《ほ》乳類や鳥類を除いて、多くの生物は、産卵や出産など世代交代を遂げるとすぐに死にます。私がトンボだったら、子であるヤゴを見る前にとっくに死んでいる。それは別に気の毒でもなんでもないわけです。

大脳が発達し、産道を通れる大きさで生まれてくる人間は、他の動物と比べて、自立するのに長い年月がかかります。複雑な発達を遂げた人間の社会で生きるには、成人するまで親がサポートしなければなりません。トンボと違い、人の親は、子がひとり立ちするまで生きることが必要なのです。

しかし、本川先生の言うように、人生50年を過ぎたらあとは「オマケ」。子がほぼ成人した私はすでに、オマケの人生を生きているのですね。

オマケといっても、決して「付け足し」「なくてもいい」という意味ではないと思います。むしろ、オマケだからこそ、本当の人生を生きられるのではないでしょうか。

有職率が上がった今、定年まで働く女性も増えました。忙しい毎日に、ついつい本当にやりたいことを後回しにしてきた人は多いでしょう。

「今はゆとりもないしムリ。定年になったら、第二の人生にあれをしよう、これをしよう」

と、ひそかに計画を立てているかもしれません。

でも、「第二の人生」という言葉を聞くと、私はいつも、身内の男たちを思い出してしまいます。

寡黙で優しい伯父は、まじめ一途に会社員人生を勤め上げ、

「定年後はおかあさん（妻）と旅行に行きたい」

と言っていましたが、定年を迎えた途端に倒れ、亡くなりました。

私の父も、定年前には、

「定年後は、農村のあちこちにある野仏を見て歩きたい」

と言っていたものです。実際には定年後、次第に体調を崩し、回復することなく70を前に亡くなりました。

人生がいかに長くなるからといって、自分の足で歩き、自分の頭で判断できる時間は永遠ではありません。体質が似ている母を参考にするなら、私の場合、ある程度ア

クティブに活動できるのは75歳までとわかっています。

「第二の人生」なんて、信用ならない危うい言葉ではないでしょうか。最も信用できるのは、目の前にある「今」だけです。

私は昔から、

「未来のために今を我慢しよう」

という考え方が大嫌い。だって、「未来」なんて、来るの？　本当に？　毎朝、新聞をにぎわす悲惨な事故や災害のニュースを見ると、そう思わずにはいられません。

だからといって、

「今さえよければいい、明日のことなんてどうだっていい」

とは思わない程度には現実的な私、いつも〝今〟と〝未来〟の間でバランスをとって生きてきたつもりです。

でも、〝未来〟の残高が残り少なくなってきた今、少しずつ〝今〟に比重を置いていってもいいんじゃないかと思うようになってきました。

40代までは、

「やりたいことを箇条書きにして、一つずつクリアしていこう。やり残したことのないように」

と考えていました。それで実現したことはたくさんあります。でも、もうこれからは、そんなことは不可能だとわかっています。次第に「限界」が見えてきたから。

行きたいところ、やりたいことは、一つ実現したら、また新しい行きたいところ、やりたいことが現れます。人間の欲望には限界がありません。

一方で、いくら長寿化したところで、生命は有限で、身体は衰えていきます。資金も無限ではありません。だから、いくら長生きしようと、やりたいことを全部かなえることは無理なのです。

「第二の人生」を考えるのは、忙しい日々をやりすごす息抜きには楽しいけれど、本当にそんな日が来ると思わない方がいい、と今は思っています。身体が動く今のうちに、資金を手当てできる今のうちに、50代こそがまさに「今」ではないでしょうか。

今と未来に渡したサーフボードの上でじりじりとバランスをとりながら、

「今ならできる！」

と思い定めたことから、ためらわず挑戦していくつもりです。

## 「私の生きた証」って？

40代後半くらいから、友達と話していると、

「私が死んだら、なんにも残らないと思うとむなしい」

という話題がぽつぽつ出るようになりました。

「夫は会社人間、子供たちは独立して家はもぬけの殻。忙しくも楽しかった子育て時代が懐かしい一方、自分は何もしてこなかった」

「仕事に打ち込んで充実した年月を送ってきたけれど、気がつけば結婚も出産も見送ってしまった。親に申し訳なかった」

あんなに立派な家庭を築いてきたあなたがなんで⁉

仕事上の活躍を認められ、確かな地位にいるあなたがなんで⁉

と、聞きながらびっくりしました。

人生も後半になると、なぜか一様に、

「自分の人生、何だったんだろう」

と、歩んできた過去を振り返るときが来るようです。そのときに、ああすることもできたのに、あちらに進んでいればよかったかもしれない、と、後悔ばかり浮かんでくるのは、もうやり直せないからなのでしょう。私の唐突なアウトドア志向も、その表れなのかもしれません。

60代、70代と、人生の終わりが見えてくる年代ともなると、自分が生きた証を残すために自伝を出版したり、それこそ理想のお墓を建てることを目指す人もいます。それで気持ちが落ち着き、残りの人生を心おだやかに過ごすことができるのなら、とてもいいことだと思います。でも実際は、本もお墓も、自分が思うほど長くは残らないのではないでしょうか。

自分の子供でさえ、子供をつくるかどうかはわかりません。自分のDNAが永遠に受け継がれていく……というのはロマンがありますが、子供の人生はあくまで子供のもの。あまり当てになるものではないでしょう。

「誰かが生きた証」はたぶん、目に見える形のあるものではないのだと思います。

過去の偉大な人物の銅像は、時代の価値観が変化すれば、鎖を巻かれて台座から引きずり降ろされます。生涯を書き記した本も、その人を知る人がいなくなれば、散逸し、廃棄され、奥深くしまい込まれて開く人もありません。磁気やクラウド上のデータともなれば、さらにはかない運命をたどるかもしれません。

「生きた証」というものがあるとすれば、それは、「今、ここでしていること」の中にこそあるのではないでしょうか。

私たちの行動の下には、

「世界がこんな風であってほしい」

という願いがあります。人がお互いに優しくできる世界、努力や正義が報われる世界、自由にものが言える世界。現実にはそうでないとしても、できるだけそういう世界に近づけたいという願いが、私たちの一つひとつの行動を決定づけています。

現在の行動はたちまち消え去ってしまい、形となって残ることもなければ、現実に反映できずに終わるかもしれない。でも、私たちが行動したという事実は決して消えません。

「バタフライ・エフェクト」という言葉があります。小さな蝶が一匹、ささやかに羽ばたくだけの働きが、めぐりめぐって大きな動きとなり、やがて気象をも変えること

があるという、力学上の一種のたとえ話です。

私たち一人ひとりがどんなに懸命に生き、石や本にその名を刻もうと、その存在はいつか世界の大きな流れの中に埋もれ、消え去ってしまいます。でも、それでいいのです。

私たちは誰の記憶にも残らず、忘れ去られてしまいますが、本当は、決して消えたりしません。私たちの今このときの行動、羽ばたきは、必ず何らかの形で世界に影響を及ぼし、世界を変えていくでしょう。私たちがあってほしい方向に、世界のバランスを傾けるでしょう。私たちがそれを見届けることはないかもしれませんが、それこそが、人間の生きた証だと思うのです。

この秋は　雨か風かは知らねども　今日のつとめに　田草《たぐさ》とるなり（作者不詳）*

形のあるものに「生きた証」を求めることよりも、今の行動を、少しでも自分の望む方向に向けること。

そうすれば、少なくとも悔いなく人生を閉じられるのではないかと思っています。


*二宮尊徳の歌として一般に知られているが、実際は作者不詳

## 家族の卒業旅行

私には、20年以上前から温めてきた旅のプランがありました。それは、フランス南東部の都市・リヨンにほど近い小さな村、オートリーヴを訪ね、そこにある「シュヴァルの理想宮」を見るというものです。20代の終わりにこの場所のことを知り、ずっと行きたいと思っていました。

ところが当時は、仕事、結婚、出産、育児……とめまぐるしく生活が変化し、なかなか旅に出ることのできないままに、年月ばかりが経ってしまいました。

子供が小さい頃は、旅行も一苦労。おむつや着替えを山のように抱えて移動するのは難儀でしたし、熱でも出されたら即Uターン。自分が楽しむ余裕はあまりありませんでした。

しかし今や娘は成人し、息子は高校生。サークルの自転車旅に、山岳部の山行にと、それぞれ勝手に出かけるようになっていました。もう、私は必要ありません。この時を待っていた！

更年期症状もおさまってきたし、これ以上先延ばしにはしていられません。行くなら今しかない。そう決心して、家族に宣言しました。

「お母さん、ここ行ってくるから」

もとよりひとりで行くつもりです。なぜなら、オートリーヴは、リヨンからバスに延々揺られた郊外にある、とてもアクセスの悪い場所です。私以外誰も興味がない（私が好きなものはたいていそうです）こんなマニアックな場所に、家族とはいえ付き合わせるつもりはありません。

ところが、

「お、その頃やっと夏休みが取れそうなんだよな」

と、夫が言い出しました。残業ばかりで有給休暇すら一日も取れずにいるので、強制の夏休みくらいは、どこでもいいから行きたいそうです。

（お父さん、絶対興味ないと思うけど……、ま、いいか。二人の方が便利だし）

すると、それを聞いていた娘が、

「えっ何フランス!?　行く行く、その頃ならまだ学校始まってない」

と乗っかってきました。でも、高校生とはいえ、息子をひとり置いていくのは気がひける……。

「お前、学校だよな？」（父）

「うち二学期制だから、この時期なら休みにかかってる」

なんと、家族から解放されてひとり旅を満喫するつもりが、まさかの家族旅行になってしまいました。

私はオートリーヴにさえ行ければよかったのですが、全員でとなると、それぞれの希望も盛り込まなければなりません。夫はバルセロナでサグラダ・ファミリアが見たい。娘はパリで『アメリ』のロケ地、サン・マルタン運河が見たい。息子はどこでもいいからメジャーなサッカースタジアムに行きたい。

以上の希望を盛り込んだ最安値のオリジナルツアーを作るべく、私はその日からパソコンと首っ引きとなったのでした。

格安航空券を使い、深夜のイスタンブールで乗り継ぎをしてたどり着いたバルセロナは、特に行きたいと思っていなかったにもかかわらず、街並みは魅力的で、おいしいものがいっぱい。いっぺんで大好きになってしまいました。

サグラダ・ファミリアの何たるかが全然わかっていなかった私たちも、その壮大な外観と、ガウディの精神性を表した神秘的な内部を見て全員感激し、

「ここ、本当に来てよかった！」

と、言いだしっぺの夫を大いに喜ばせました。土木職の夫は、現場のクレーンや、メイキング映像ばかり見ていましたが。

列車で国境を越え（EU内ですが）、到着したパリでは、娘と息子がそれぞれ地図や路線図を調べて全員をエスコート。切符もひとりずつ手渡ししてくれます。娘は語学が得意なので、フランス語の表示も読んでくれます。言われるままについて行くだけのラクチンさに、

「昔は、どこ行くにもおんぶに抱っこにベビーカーだったのにな～」

と、感慨もひとしおでした。

そして、念願かなって訪れた「シュヴァルの理想宮」。

正直、みんな退屈してしまうだろうと覚悟していました。それでも仕方ない、ついて来るのが悪いんだ。

シュヴァルとは、19世紀に、ここオートリーヴの村で郵便配達をしていた人物です。

「理想宮」とは、彼が自宅の庭に自力で建造した、世にも奇妙にして華麗な石造りの〝宮殿〟です。世間からは気味悪がられたその宮殿は、年を経てナイーブ・アートとしてその価値を認められ、シュヴァルの死後も国家によって大切に保存されています。

その日も、各国からの物好きな観光客が理想宮を見学に来ています。私は嬉しさのあまり、ひとりであちこち歩き回り、のぞき込み、写真を撮ってはしゃいでいました。

ふと振り返ると、意外にも、家族も同じように楽しんでいます。いつも無表情な息子さえ、興味深そうに宮殿内を見て回っていました。

「こんなとこ、自分じゃ絶対来ないよね。お母さんについて行くと、面白いところに行けるよ」

と、娘が喜んでくれました。

ああ、一緒に来てよかった。

こういうところが、家族のいいところだな。

自分の行きたいところだけに行き、やりたいことだけやっていれば、面倒なことに付き合わずに済む。

でも、家族のやりたいことにも、興味がなくても付き合ってみることで、世界が広がるし、発見がある。そして、助け合える。

もう、子供たちとこんな旅をすることはないでしょう。これが、私たち家族の卒業旅行となりました。

一緒に旅行はしないかもしれないけれど、家族であることは変わりません。これからも、面白いものを分かち合ったり、助け合ったりしていきたい、そんなことを確認できた10日間でした。

## 山の上で出会った86歳の女性

数年前、山菜採りに誘っていただき、とある県境の高原を訪ねました。小鳥のさえずりがにぎやかな、うららかな4月の下旬です。

一面の新緑の中、切り立った斜面を転げ落ちそうになりながら、こごみや山ウドを探します。少し移動しただけで、袋いっぱいの山菜が採れました。

小さな集落には、冬期の雪の重みで倒壊した廃屋が何軒もあり、かつてはお祭りでにぎわったであろうお寺も、今は閉鎖されています。豪雪で有名なこの地方の中でも、標高の高いここはとりわけ雪が深いようです。

汗を拭いて一休みしていると、斜面の向こうから、カートを押しながら歩いてくる高齢の女性が現れました。山菜採りの案内をしてくださった、その村出身の方が声をかけると、女性は顔を上げてにっこり笑い、挨拶を返してくれました。

「山菜採ってきたの？　毎年3mは積もって、今頃ならまだ雪が残っているのに、今年は1mぐらいしか積もらなかったから今年は早いよ」

その女性は、庭仕事の一休みを、私たちとおしゃべりに付き合ってくれました。昭和3年生まれという彼女はこの村で育ち、86歳（当時）の今、ここにひとり暮らしをされているそうです。

この集落は、かつては50戸以上あり、小学校に通う子供も150人いました。6人きょうだいで育ったその女性は、決して経済的に豊かではなかったけれど、優しい両親のもと、幸せな子供時代を送り、当時の尋常小学校を卒業後、国民学校高等科、青年学校と学び、当時の女性としては、充実した教育を受けることもできたそうです。

青春時代に影を落としたであろう戦争が終わり、彼女は村の青年と結婚し、所帯を持ちます。雪深い山村での子育てには、苦労もありました。

「最初の子を産んだのは24のとき。ここは山の上で雪が深い。冬には仕事がないから、雪の頃には男たちは出稼ぎに行ってしまう。雪かきや雪おろしはもちろん、女子供がやったんだよ。雪が積もっても子供たちが学校に行けるようにと、『道踏み当番』というのがあった。朝の通学前と下校前に、学校まで雪を踏んで道をつける作業を、皆で交代でやったものだよ」

ところが、彼女が50歳の頃、大きな変化が訪れます。

「身体の弱かった主人が病気になって、仕事をやめなければならなくなってしまったの。私が働かなくちゃね。村には仕事がないから、山の向こうのペンション村で厨房の仕事を見つけてきて、住み込みで働き始めた。夏だけでなく秋も、スキー客の来る冬も」

ペンションのあるリゾート地に単身赴任、彼女は懸命に生活を支えてきました。そんな生活を続けて10数年の後、ご主人を見送り、ひとりになりました。

「冬場は他県に嫁いだ娘のところに行ったこともあるけど、日中は仕事で誰もいない。知り合いもいないから人を呼ぶこともできず、ひとりきり。結局ここに帰ってきてしまった」

孫たちが小さい頃は、夏場はペンションみたいだった山の上の家も、孫たちが成人した今は、すっかり静かになりました。

でも、娘たちの心配をよそに、彼女はここでの暮らしに満足と安らぎを覚えているようです。

「ここの暮らしに不便はないよ。配達なら牛乳一本でも来てくれるし、移動販売の車も来る。病院や役所には、集落のバスでまとめて乗せていってくれるの。80を過ぎれば、膝が痛い、腰が痛いなんて当たり前。でも、親たちだって、私の年まで生きた人はいなかったよ（笑）」

杖替わりの買い物カートに座りながら、彼女はおだやかに微笑みました。

「なーんにも心配はしていない。年をとることも死ぬことも。みーんな通ってきた道なんだもの」

何もない山の上で聞いた、ひとりの女性の人生の物語。

「なーんにも心配はしていない」

と笑う女性の表情は、晴れやかで、ほがらかでした。

50歳を過ぎても、人生はアクシデントだらけ。むしろ、50歳以降に集中するのかもしれません。それでも、勇気をもって立ち向かい、強く生きてきた彼女。この雪深い里でひとりきりになっても、花を植え、時折出会う人々との会話を楽しんで暮らしている姿を見て、考えさせられました。

ともすれば、長くなるかもしれない老後を思って、あれこれと心配し、思い悩んでしまいますが、起こらないかもしれない不運を、今から悩んでみたって仕方がありません。何にも心配はないのかもしれません。

ただ、目の前のことを淡々と受け止め、自分にできることをする。みんなが通ってきた道を行く。そう思ったら、なんだか心が晴れ晴れしました。

## リアルを抱きしめて生きる

東日本大震災以来、中断していた故郷の山林の手入れを、昨年から再開しました。この山は亡くなった父が私に遺したものです。震災後の混乱と仕事の忙しさ、更年期症状もあり、7~8年放置している間にだいぶ荒れてしまいました。

別荘地のような美しい場所でもありません。それでも、私はこの山に行くのが好きです。

春にはチゴユリやケマンソウが咲き、上を見れば滝のような藤。高木化したヤマザクラの花びらが一面に落ちている場所もあります。たくさん生えている山椒《さんしょう》を、根ごと掘ってお友達にあげたり、雌の木がつける実山椒を醤油漬けにしたり。

緑色のアマガエルやカタツムリ、きれいなアゲハチョウとも出会えます。ネズミの巣穴や、ウサギの糞を見つけることもあって、いろいろな生き物の気配を感じます。

木漏れ日の下で腐葉土の香りを吸い込み、鳥たちの声を聞いていると、飽きることがありません。更年期症状がおさまり、体調が戻った今、山仕事は私のひそかなレジャーになっています。

こんな山の中でひとりっきりで鋸《のこぎり》を手にしていても、時間を見るためにスマートフォンを取り出せば、SNSに投稿した友達の近況やニュース速報も同時に目に入ってきます。見つけた珍しい植物を写真に撮ることも、歩き回った歩数をカウントすることもできます。

こんなこと、私たちが生まれた半世紀前には考えられないことだったでしょう。ほんとうに、この50年の科学技術の進歩には目を見張るものがあります。

パソコンやスマホの普及だけでなく、最近は自動車や家電などさまざまなものにAI（人工知能）が搭載され、IoT化が驚くべき勢いで進んでいます。

友達の身内の方が筋肉の病気になってしまい、車椅子生活を送っているのですが、自動運転機能のおかげでクルマに乗って移動ができているそうですし、お掃除ロボットが床を走り回る家は年々増えています。

以前は、

「AIなんて、心がないものに、人間と同じ細やかなことができるわけがない」という見方が強く、私も、何となくそうなのかな、というより、そうであってほしいと思っていました。

人間には、人間にしかできないことがあって、それはもっと高尚なものなのではないかと。

ところがAIのできることは爆発的に増えてきており、そのクオリティも、向上の一途をたどっています。歌も歌えば絵も描くうえ、小説まで書き始めました。その様子を見ていると、もはや人間にできることで、AIにできないことなどないのではないかと思われるほどです。

人生が100年に延びるのに、人間がやっていたことはAIにとって代わられ、どんどん減っていくのでしょうか。私たちは、何のために100年も生きるのでしょうか。

人間はなぜAIを作り出したのでしょうか。

AIは間違えないし、痛みを感じない。怒らないし、悲しまないし、妬んだり悔やんだりもしない。つまり、苦しまない。人間は、あらゆる苦しみから逃れるために、

ＡＩを作りました。それは素晴らしい成果を上げつつあります——世界から本当に苦しみがなくなっているかどうかはまた別として。

では、そのＡＩができないことって何だろう？

それは、

「苦しみから逃げないこと」

ではないのだろうかと思い当たりました。

誰だって、もちろん私だって、苦しみたくありません。

痛いのはイヤだし、腹が立つ場面は見たくない。誰かと別れる悲しみ、優れた誰かと比べられるときの妬み、あのときああしていればと悔やむ気持ち——できればすべて避けて通りたい。

暑くも寒くもない安全な場所で、おいしいものだけ食べて、楽しいことだけして暮らしたいです。

でも、それはもしかしたら、人間としての生をすべて手放すことと同じではないのでしょうか？

ＡＩがどんなに便利な生活を提供してくれるようになっても、たぶん、私たちの苦しみはなくなることはないでしょう。

今だってみんな、不安でいっぱいです。

通り魔に出遭ってしまったらどうしよう。

大地震がまたやってきたらどうしよう。

年金が足りなくなったら、ほんとうに１００歳まで生きてしまったらどうしよう。

人間の欲望に限界がないように、不安にもまた、限界がありません。

最後に残された、人間の人間らしさとは、苦しみに正面から向き合い、自分にできることをすることなのだと思います。私が山の上で出会った、あの女性のように。

50代、まだまだこれからいろいろあるでしょう。それを思うと、正直私もひるみます。苦労の本番、これからですから。

でも大丈夫、20年前に心配していたことは、９割がた起こりませんでしたよ。だから過剰に恐れることなく、飛んできた球を淡々と打ち返しながら、今を楽しんで生きていきたい。そして、人生を終わりまできちんと見届けたい。

頂上の眺めは、自分の足で登った者にしか見られないのですから。

# おわりに ―― 半世紀がかりで自分がわかってきた

先日、百貨店の婦人服売り場で、一緒に出かけた娘が突然言いました。

「あれ？　私、脚が細くなったかな？」

気に入った服を試着した後でした。

「うーん、どうだろ（笑）。試着室の鏡って、少し細く映るやつがあるからねぇ」

娘はがっかりした様子でしたが、嘘を言っても仕方がありません。

本当の姿って、がっかりすることが多いものです。

私、背が低くて固太りであることは昔から自覚していました。でも、最近になってようやく、

「私、首が短いんだ！」

と気がついたのです。若い頃から、襟開きの狭い服を窮屈に感じて、なるべく襟ぐりの広い服を選んでいましたが、それって、首が短いからだったのかー。

「人にものを教わるのが苦手」なことも、プールに行き始めてわかりました。

先生の言うことがきけないわけではないのです。むしろ、一生懸命教えてくれる先生に対して、ちっとも応えられない自分にいたたまれなくて、また、私のせいで待たせてしまう他の生徒さんに申し訳なくて、

「もう私なんかに教えてくれなくていいです、自分でやります、ごめんなさい」

と、逃げ出してしまうのです。

だから、泳げるようになったのも、参加自由の初心者クラスではなく、自力で試行錯誤した結果でした。

思えば、6年足らずの会社員生活の後は、ずっとフリーランスで仕事をしてきました。人に合わせるのは苦手ではないと思っていたのですが、実はそうではなかったみたい。

リアルタイムでは絶対見ないテレビを、録画して、台所やお風呂でなら喜んで見るようになったことでもわかりました。なんだかんだ言って、自分のペースを崩されるのが苦手なのです。

50歳を超えて、そんな自分の本質がようやくわかってきたような気がします。それ

は、多くはがっかりすることばかりでしたが、中でも一番がっかりしたのが、自分が、自分で思っていたような強い人間ではなかったことでした。更年期以降のグダグダで、それがはっきりした感じです。

でも、「では、本当の姿がわからない方がよかったか」というと、そんなことはありません。

本当の姿がどうダメでも、どこがダメなのかがわかれば、今後どうすればいいのか対策も立てられますし、本当にダメならあきらめもつきます。細く見える鏡で満足している自分よりは、きっとマシです。

まだまだ、十分自分がわかったわけではありません。

今、生きづらいと感じているところ、うまくいかないと悩んでいるところが、まだわかっていない部分なのかもしれません。

そこがわかれば、どうすればいいか（あるいは、何もしない方がいいということも）わかるのでしょう。

私がずっと望んでいる人生は、

「オーダーメイド」。

自分だけのサイズで、自分だけの形の、どこにも売っていない人生です。自分で受けるしかないオーダーです。

「自分がわかる」って、自分のサイズと形がわかること。

これからも、がっかりすること続出かもしれませんが、まだまだ自分のことがわかるようになっていきたい。そして、フルオーダーの人生を手にいれることができたらいいなと思っています。

金子由紀子

## 著者紹介


**金子由紀子**

1965年生まれ。出版社勤務を経てフリーランスに。「シンプルで質の高い暮らし」を軸に、幅広い分野で執筆を行っている。総合情報サイト All About「シンプルライフ」のガイドとしても活躍中。

10年に及ぶひとり暮らしと、主婦・母親としての実体験をもとに、心地良い生活術を提案。継続性を重視したリアルな暮らしの知恵が、共感を呼んでいる。

『ためない習慣』『ちょうどいい暮らし』(小社刊)、『持たない暮らし』(アスペクト)、『片づけのコツ』(大和書房)、『40歳からのシンプルな暮らし』(祥伝社)等、著書多数。



50代《だい》からやりたいこと、やめたこと

2019年 9 月 5 日　第 1 刷

著　者　金子由紀子《かねこゆきこ》
発行者　小澤源太郎

責任編集　株式会社 プライム涌光
電話　編集部　03(3203)2850

発行所　株式会社 青春出版社
東京都新宿区若松町12番 1 号　〒162-0056
振替番号　00190-7-98602
電話　営業部　03(3207)1916

印刷　中央精版印刷　製本　フォーネット社

万一、落丁、乱丁がありました節は、お取りかえします。

ISBN978-4-413-23129-9 C0077

—シンプルライフの達人がおくる　好評既刊—